Hrsg.: Volker Rhein

Moderne Heimerziehung heute

Beispiele aus der Praxis

FRISCH
TEXTE
VERLAG

Die deutsche Bibliothek - CIP Kurztitelaufnahme

Moderne Heimerziehung heute
Beispiele aus der Praxis
Hrsg.: Volker Rhein

1. Aufl., 2009, FRISCH-TEXTE-Verlag
ISBN 978-3-933059-40-6

Ngo
Mod /
101 + 1

© FRISCH-TEXTE-Verlag, Herne
Umschlagentwurf, Layout und Satz: Agentur Steinbökk

Gesamtherstellung: druckfrisch medienzentrum ruhr, herne
ISBN 978-3-933059-40-6

Vorwort des Herausgebers

Die Ev. Kinderheim Jugendhilfe Herne & Wanne-Eickel gGmbH beabsichtigt, eine Reihe von Büchern herauszugeben, in denen Mitarbeiter und Mitarbeiterinnen über Ansätze, Fragestellungen und Methoden berichten, mit denen sie ihre Arbeit in den unterschiedlichen Bereichen dieser Einrichtung gestalten und durchführen.

In diesem Buch werden in Praxisbeispielen Ansätze, Fragestellungen und Methoden in der täglichen Arbeit der Heimerziehung in der angesprochenen Einrichtung geschildert.

Unser Anliegen ist es vor allem, weniger bekannte oder aus unserer Sicht besonders wirksame Wege, Konzepte und Methoden sowie deren Umsetzung Praktikern der Erziehungshilfe und allen daran Interessierten näher zu bringen.

Im Mittelpunkt dieses Buches steht eine Diplomarbeit von Frau Sara Anna Wirbals (päd. Mitarbeiterin im Bereich „Triangel"). Diese Diplomarbeit stellt den Herner Triangel-Ansatz, der auf der Systemischen Interaktionstherapie (SIT) basiert, vor. Hierbei verzichten wir auf die Veröffentlichung des Anhangs dieser Arbeit, da er aus unserer Sicht für die Botschaft des Buches nicht entscheidend ist.

In der vorliegenden Veröffentlichung erscheint eine Arbeit von Frau Kerstin Tübing (Projektleiterin des Intensivangebotes „Deine Chance"), die als Abschlussarbeit für die Ausbildung zur Motopädagogin verfasst wurde sowie ein Aufsatz derselben Verfasserin zur gleichen Thematik, der für die Zeitschrift „Psychomotorik" geschrieben und dort in der Ausgabe 1, 31. Jahrgang, März 2008 veröffentlicht wurde. Diese Arbeiten befassen sich mit Aspekten der Motopädagogik im Kontext der Intensivpädagogik.

Frau Alexandra Leu (päd. Mitarbeiterin in der Gruppe „Via Annie") beschäftigt sich in ihrer Arbeit mit Aspekten einer psychomotorischen Förderung im Intensivangebot „Via Annie" für junge Frauen mit Essstörungen.

Herr Norbert Meller (Projektleiter „Leben lernen") und Herr Martin Klafke (Projektmitarbeiter „Leben lernen") stellen in ihrem Aufsatz: „Das H.E.A.R.T.©-Konzept. Gewaltprävention in einer stationären Einrichtung der Erziehungshilfe" ein in unserem Hause entwickeltes Konzept vor, das sich mit diesem Thema in Einrichtungen der Erziehungshilfe beschäftigt.

Wir hoffen, dass wir mit diesem Buch Praktikern Anregung für ihre Arbeit geben können und das Interesse in Lehre und Forschung wecken, sich mit solchen Fragestellungen und Wegen, wie sie das Ev. Kinderheim Herne beschreitet, auseinanderzusetzen.

Über Rückmeldungen zu diesem ersten Versuch, über Arbeitsbereiche unseres Hauses und zu inhaltlichen Fragestellungen zu informieren, würden wir uns sehr freuen. Dies gilt sowohl für positive wie kritische Rückmeldungen.

Für weitere Anregungen sind wir jederzeit offen und dankbar.
Mit dieser Ausgabe liegt Band 1 der geplanten Reihe vor.

Volker Rhein

VORWORT DES HERAUSGEBERS

MOTOPÄDAGOGISCHES ARBEITEN IM RAHMEN EINER 129
INDIVIDUALPÄDAGOGISCHEN KRISENINTERVENTION
IM KONTEXT DER STATIONÄREN INTENSIVPÄDAGOGIK

ASPEKTE EINER PSYCHOMOTORISCHEN FÖRDERUNG JUNGER FRAUEN MIT ESSSTÖRUNGEN IM INTENSIV-ANGEBOT„VIA ANNIE" DES EV. KINDERHEIMS HERNE

147

Systemische InteraktionsTherapie (S.I.T.) im Kontext der Heimerziehung

1. Einleitung

1.1 Motivation und Zielsetzung der Arbeit

Mein Interesse an der Thematik der vorliegenden Arbeit ist aus persönlichen Erfahrungen als studentische Mitarbeiterin der „Triangel-Wohngruppe" des Evangelischen Kinderheims Herne entstanden. Die dortige Arbeit beruht auf dem Konzept der systemischen Interaktionstherapie und ermöglichte mir einen bisher unbekannten Zugang in die Heimerziehung. Aus meiner anfänglichen Verwunderung über den Umgang der Heimmitarbeiter mit den Kindern und ihren Familien entwickelte sich rasch das Bedürfnis nach Aufarbeitung. So motivierte mich die Konfrontation mit der Praxis dazu, die theoretischen Grundlagen dieser Arbeit genauer zu durchleuchten. Dass das Konzept der systemischen Interaktionstherapie schließlich zum Gegenstand der vorliegenden Arbeit wurde, ist sicherlich auch meinen Kollegen des Evangelischen Kinderheims Herne zu verdanken, deren tägliches Engagement dazu beiträgt, dass dieses Konzept in der Praxis seine konsequente Umsetzung erfährt.

Natürlich erhebt die vorliegende Arbeit keinen Anspruch auf Vollständigkeit im Hinblick auf das umfangreiche Gebiet der Heimerziehung. Gemäß ihrer Thematik geht es mir vielmehr darum, die Systemische Interaktionstherapie (kurz SIT) mit Rücksicht auf die ihr zugrunde liegenden Rahmenbedingungen herauszustellen und den pädagogischen Alltag vorzustellen.

Die Heimerziehung hat in den letzten Jahrzehnten eine tiefgreifende Veränderung erfahren. Diese Veränderungen, die letztendlich zum Begriff „Moderne Heimerziehung" führten, können als allgemeine Rahmenbedingungen zur Entwicklung und Etablierung neuer Konzepte der Heimerziehung angesehen werden. So werde ich mich mit den grundlegenden Stationen der modernen Heimerziehung und deren Folgen auseinandersetzen, um dem Leser[1] dieser Arbeit eine Verständnisgrundlage für die folgenden Abschnitte zu bieten. In diesem Zusammenhang muss allerdings hier darauf hingewiesen werden, dass das Potenzial der modernen Heimerziehung längst nicht erschöpft erscheint.

So genießt die Heimerziehung in der breiten Öffentlichkeit kein gutes Ansehen, was allerdings weitgehend auf Unkenntnis zu beruhen scheint (vgl. Günder 2007, 30). Hier mag die Publikation aktueller Fallbeispiele und Praxisbelege hilfreich sein, das negative Bild der Heimerziehung positiv zu verändern. So kann diese Arbeit als Beitrag verstanden werden, einen aktualisierten Blick auf die heutige Heimerziehung und ihr Potenzial zu ermöglichen. Dabei wird die Systemische Interaktionstherapie als neuer Weg der modernen Heimerziehung verstanden, den es von den vielen anderen Wegen der Heimerziehung abzugrenzen gilt. So erfolgt die Darstellung des SIT-Konzeptes vornehmlich unter dem Aspekt, welche Besonderheiten die Systemische Interaktionstherapie im Kontext der Heimerziehung aufweist.

In der Folge richtet sich der Blick auf die Umsetzung des SIT-Konzeptes im pädagogischen Alltag. Die Umsetzung wird anhand der praktizierten Arbeitsweise nach dem SIT-Ansatz des Evangelischen Kinderheims Herne vorgestellt.

Da bislang keine veröffentlichte Fachliteratur zum Thema der Systemischen Interaktionstherapie existiert, kann diesbezüglich nicht gewährleistet werden, dass alle Elemente dieses Konzeptes in der vorliegenden Diplomarbeit dargestellt werden. Michael Biene, u. a. Psychologe und Familientherapeut, lehrt anhand eines Konzeptionspapiers die systemische Interaktionstherapie und bildet anhand dieses pädagogische Fachkräfte aus. Die Darstellung des SIT-Modells beruft sich daher primär auf das Konzeptionspapier von Michael Biene, das mir im Rahmen meiner „Triangel"-Ausbildung zur Verfügung gestellt wurde.

1.2 Aufbau und Methodik der Arbeit

Aus der vorangestellten Motivation und Zielsetzung der Arbeit ergibt sich folgender Aufbau: Kapitel 1 enthält einleitend, wie bereits angemerkt, zum einen die Motivation und Zielsetzung der Arbeit sowie zum anderen den Aufbau der Arbeit und die methodische Vorgehensweise.

Um den Zusammenhang der systemischen Interaktionstherapie im Kontext der Heimerziehung darstellen zu können, beinhaltet Kapitel 2 zunächst eine Definition sowie Verständnisweisen und Ansichten der Begrifflichkeiten Heim und Heimerziehung (Kap. 2.1). Um dem Leser eine Verständnisgrundlage für die systemische Interaktionstherapie zu geben, erscheint es wichtig, grundlegende Stationen der modernen Heimerziehung aufzuzeigen (Kap. 2.2), welche als allgemeine Rahmenbedingungen zur Entwicklung und Etablierung neuer Konzepte der Heimerziehung angesehen werden. Da eine bedeutende Station in diesem Zusammenhang durch neue pädagogische Haltungen und Orientierungen geprägt ist, die insbesondere durch das Inkrafttreten des KJHG implementiert wurden, stellt die Heimerziehung im Kontext des KJHG (Kap. 2.3) einen weiteren wichtigen Grundstein in der Entwicklung einer modernen Heimerziehung dar. Ferner liefern hier die Elternarbeit sowie bestimmte methodische Vorgehensweisen in der Heimerziehung (Kap. 2.5) den theoretischen Hintergrund für die systemische Interaktionstherapie. Die theoretischen Abhandlungen der Entwicklungen in der Heimerziehung werden anhand einer umfangreichen Literaturrecherche dargestellt.

Die Systemische Interaktionstherapie wird dabei als neuer Weg der modernen Heimerziehung verstanden, den es von den vielen anderen Wegen der Heimerziehung abzugrenzen gilt. Um die historische Entwicklung und die Grundideen des systemischen Arbeitens in ihren Grundzügen zu verstehen, beinhaltet Kapitel 3 zunächst wesentliche theoretische Hintergründe (Kap. 3.1), auf denen das Konzept der Systemischen Interaktionstherapie aufbaut. Darauf folgend wird der Weg zum SIT-Modell (Kap. 3.2) kurz skizziert und seine Entstehungsgeschichte dargestellt (Kap. 3.3). Im Zusammenhang des SIT-Modells ist es von Bedeutung, sowohl die Haltung als auch die Grundannahmen (Kap. 3.4) zu ergründen. Die Basis des SIT-Modells stellt die Methodik des Dreiphasenprozesses (Kap. 3.5) dar. Da hier wesentliche Besonderheiten der Systemischen Interaktionstherapie im Kontext der Heimerziehung aufgezeigt werden, ist die Auseinandersetzung mit den einzelnen Phasen ein wesentlicher Bestandteil dieser Arbeit. Die erste Phase (Kap. 3.6) beinhaltet insbesondere die Darstellung der einzelnen Muster (Kampf- und Abgabemuster) bzw. den Weg dieser Muster in das sog. Kooperationsmuster. Die zweite Phase (Kap. 3.7) setzt sich mit der Problemtrancearbeit auseinander. Hierbei wird der Unterschied zwischen differenzierten Trancen herausgestellt sowie bedeutende Methoden (Pacing und Leading) für die Arbeit mit Trancezuständen dargestellt. Weiterhin enthält dieses Kapitel eine Vorstellung der fünf verschiedenen, meist hierarchisch aufeinander aufbauenden, Problemtrancestufen. Da für den gesamten Hilfeprozess aus der „Trance" Zielplakate als lösungsorientierte Grundlage gesehen werden, mündet das Kapitel in eine Darstellung dieser Zielplakate. Die dritte Phase (Kap. 3.8) zeigt den Zusammenhang der Interaktionsinterventionen im SIT-Prozess auf. Dieses Kapitel beinhaltet einerseits wesentliche Grundannahmen sowie den Ablauf strukturierter Arbeitsschritte und Vorschläge für Lösungsinteraktionen in Familien. Das gesamte Kapitel wird abschließend noch einmal kurz zusammengefasst und bietet einen Überblick über wesentliche Besonderheiten und Konzeptinhalte der Systemischen Interaktionstherapie. Wie bereits vermerkt, ist dieses Kapitel auf der Grundlage eines einzigen Konzeptionspapiers entstanden, da bislang keinerlei Veröffentlichungen zu dieser speziellen Thematik vorliegen.

Das Kapitel 4 stellt einen Zusammenhang der theoretischen Abhandlung des SIT-Modells und die Umsetzung des Konzeptes im pädagogischen Alltag dar, was anhand der praktizierten Arbeitsweise nach dem SIT-Ansatz des Evangelischen Kinderheims Herne erfolgt. Hierzu wird zunächst die Einrichtung beschrieben (Kap. 4.2), um dann die Grundsätze und Ziele dieser (Kap. 4.3) aufzuzeigen. Ferner werden die Angebote (Kap. 4.5) des Kinderheims Herne, insbesondere die, die den Arbeitsansatz nach dem SIT-Modell implementiert haben, skizziert. Abschließend wird die Systemische Interaktionstherapie im pädagogischen Alltag (Kap. 4.6) aus Sicht einiger Mitarbeiter erläutert. Hierbei beziehen sich die Angaben und Darstellungen aus persönlichen Prozessbeobachtungen der Heim-Mitarbeiter sowie auf die im Rahmen dieser Arbeit geführten Interviews, welche zu Sinnzusammenhängen zusammengefasst werden.

Kapitel 5 hebt abschließend noch einmal die wesentlichen Darstellungen dieser Arbeit hervor und reflektiert die gewonnen Erkenntnisse in Bezug auf die Besonderheiten der Systemischen Interaktionstherapie im Kontext der Heimerziehung.

2. Entwicklungen in der Heimerziehung

2.1 „Heim" und „Heimerziehung": Definitionen, Verständnisweisen und Ansichten

„Heimerziehung stellt die institutionelle Form der *Fremdunterbringung* [Hervorh. im Orig., Anm. d. Verf.] von Kindern und Jugendlichen dar. Sie bietet einen kurz- oder langfristigen Lebensort in unterschiedlichen Formen: in Heimen oder anderen betreuten Wohnformen wie familienähnlichen Betreuungsangeboten, Wohngemeinschaften, Jugendwohnungen, aber auch Formen betreuten Einzelwohnens wie der mobilen oder flexiblen Betreuung" (Kreft; Mielenz 2008, 421).

In der Forschungsliteratur zeigt sich neben diesem Verständnis der Heimerziehung häufig die Ansicht, Heimerziehung sei eine stationäre Erziehungshilfe (vgl. Schauder 2003, 7 sowie Günder 2007, 11) und mobile bzw. flexible Betreuungsmöglichkeiten seien als Angebot zur Vermeidung einer Heim*erziehung* zu verstehen (vgl. Günder, 2007, 25).

Der Blick in die Praxis zeigt jedoch, dass viele Kinder- und Jugendheime ihren pädagogischen Auftrag über die stationäre Erziehung hinaus begreifen, so dass Heimerziehung nicht zwingend einhergeht mit einer Unterbringung im Heim. Vielerorts existieren nicht-stationäre Erziehungshilfen für Kinder und Jugendliche und deren Familien bzw. soziales Umfeld, die als Angebot der Heimerziehung zu verstehen sind, um den Heimaufenthalt zu vermeiden (vgl. Rosenbauer 2008, 24).

Das in der Forschungsliteratur zu findende Verständnis von der Heimerziehung als stationäre Erziehungshilfe geht also von der Annahme aus, die betroffenen Kinder und Jugendliche seien Bewohner des jeweiligen Heims. Doch auch in diesem Fall scheint der Begriff „Heimerziehung" der Praxis aufgrund der vielfältigen Angebote und Betreuungsformen nicht gerecht zu werden (vgl. Baur et al. 1998, 37). So fragt bspw. Wolf, ob die Begriffe „Heim" und „Heimerziehung" überhaupt noch aktuell seien oder ob es nicht sinnvoller sei, von Wohngruppen, Verbünden und/oder Wohngemeinschaften zu sprechen (vgl. Wolf 1995, 7)[2]. Münstermann plädiert sogar dafür, Heimerziehung als „konzeptionellen Begriff" aufzufassen und den Ort der erzieherischen Institution nicht strikt zu definieren (vgl. Münstermann 1990, 24f.).

Der Begriff „Heimerziehung" zeigt sich demnach nicht ohne eine gewisse Problematik. Festzuhalten ist, dass der Begriff einerseits verwendet wird, um das Heim als Ort der Erziehung von Kindern und Jugendlichen zu nennen und andererseits als Begriff fungiert, mit dem alle erzieherischen Hilfsangebote im Kontext der Institution Heim zu verstehen sind.

Die Problematik der Begrifflichkeit zeigt sich auch noch in einer anderen Dimension, da den Bezeichnungen „Heim" und „Heimerziehung" ein negatives Image anzuhaften scheint. Aller Reformbemühungen und vorgenommenen Veränderungen zum Trotz verbinden Außenstehende mit den Begriffen häufig negative Vorstellungen. So besteht bspw. die Ansicht, Heime würden die Kriminalisierung von Kindern und Jugendlichen fördern, keinerlei Individualität ihrer Bewohner zulassen und somit keinen positiven Beitrag für deren Entwicklung leisten (vgl. Günder 2007, 14 sowie Kormann 2006, 29f.).

Ob dieses Bild der Heimerziehung zu Recht oder zu Unrecht besteht, kann aufgrund des festgesetzten Rahmens dieser Arbeit sowie ihrer Thematik nicht entschieden werden. Hier kann lediglich festgestellt werden, dass das oben skizzierte Bild sich konträr zum Verständnis einer modernen Heimerziehung verhält (vgl. Kap. 2.5), welche letztendlich auf einer Reihe von neuen Sichtweisen beruht und zugleich den Boden für die Etablierung neuer Konzepte der Heimerziehung schafft, wie bspw. dem Konzept der Systemischen Interaktionstherapie (vgl. Kap. 3). In diesem Zusammenhang erscheint es notwendig, die Stationen in der Heimerziehung zu nennen, deren Beitrag für ein modernes Verständnis der Heimerziehung als wesentlich erscheint und in deren Kontext neue Konzepte der Heimerziehung ihren Eingang finden können.

2.2 Veränderungen in der Heimerziehung

2.2.1 Einleitende Bemerkungen

Moderne Heimerziehung meint in dieser Arbeit v. a. die Überwindung des Heims als totale Institution der Jugendhilfe zugunsten einer Heimerziehung, die auf einem vielfältigen Angebot sowohl stationärer, teilstationärer sowie ambulanter und flexibler Erziehungshilfen beruht. Heimerziehung ist in den letzten 25 Jahren von einschlägigen Reformen geprägt, dazu gehören vielfältige Umstrukturierungen, u. a. Dezentralisierung, Individualisierung und die Abschaffung geschlossener Unterbringung sowie neue Formen stationärer Jugendhilfe.

2.2.2 Stationen des Weges der modernen Heimerziehung

Als erste Station des Weges der modernen Heimerziehung lässt sich die so genannte Heimkampagne Ende der 1960er-Jahre nennen, die im Zuge der Studentenbewegungen 1968/69 in der Diskussion um Bildungsreform und Chancengleichheit entstand. Für die Studentengruppen stellten Heimkinder und insbesondere Jugendliche in der geschlossenen Unterbringung als gesellschaftliche Randgruppe, den Beweis für das Versagen des kapitalistischen Gesellschaftssystems dar (vgl. Günder 2007, 23). Über z. T. stark medienwirksame Aktionen v. a. in hessischen Erziehungsanstalten wurden die dort herrschenden Missstände, die sich bspw. in der Verletzung grundsätzlich verankerter Rechte zeigten, publik (vgl. Bürger 2001, 635f).

„Die Offenlegung dieser Verhältnisse erzeugte Entrüstung und Proteste in verschiedensten gesellschaftlichen Gruppierungen, zumal die Enthüllungen in die Phase des Beginns einer gesellschaftspolitischen Umorientierung fielen, in der die Einforderung von gesellschaftlicher Teilhabe und Chancengleichheit für alle Gesellschaftsmitglieder, gerade auch für sozial benachteiligte Gruppen, einen zunehmenden Stellenwert einnahm. So ist es auch zu erklären, dass die Heimkampagne, obwohl die Aktionen im engeren Sinn nur wenige Monate andauerten, ausgesprochen folgenreich für die weitere Entwicklung des Praxisfeldes war" (Bürger 2001, 636).

Als unmittelbare Folge der Aktionen der Heimkampagne wurden von der Trägerschaft der Kinder- und Jugendheime Grundsatzpapiere zur Veränderung der Kinder- und Jugendheime verfasst, auf deren Grundlage Anfang der 70er-Jahre eine tiefgreifende Reformbewegung in der Heimerziehung einsetzte (vgl. Bürger 2001, 636). Als wesentliche Errungenschaften dieser Reformwelle sind die Differenzierung und Dezentralisierung der Einrichtungen in der Jugendhilfe, die deutliche Reduzierung der Gruppengröße, die Verurteilung repressiver Erziehungsmaßnahmen sowie die Professionalisierung des Heimpersonals zu nennen (vgl. Almstedt; Munkwitz 1982, 21 ff; Günder 2007, 23f.). Zahlreiche Zentraleinrichtungen wurden aufgelöst bzw. durch autonom arbeitende Wohngruppen und Jugendwohngemeinschaften ersetzt (vgl.: Bürger 2001, 637).

„[...] seit Mitte der 70er-Jahre [entstanden] vermehrt Kleinstheime und Kinderhäuser, in denen engagierte Pädagoginnen – häufig vor dem Hintergrund negativer Erfahrungen mit den eigenen Arbeits- und den Lebensbedingungen der Kinder in Großeinrichtungen – alternative Formen der Heimerziehung, z. T. in familienanalogen Settings, gestalteten" (Bürger 2001, 637).

Die im Zuge der Heimkampagne genannten Forderungen nach der z. T. radikalen Veränderung der Heimerziehung (ausführlich bei Post 1997, S. 30 ff) wurden zwar nicht allesamt realisiert, sie ebneten jedoch den Weg für die tiefgreifende Reform der Heimerziehung in den 80er-Jahren. Diese war geprägt von einer Angebotsdifferenzierung, die bis heute anhält und dem Bild der modernen Heimerziehung entscheidende Gestalt verleiht. Neben dem Ausbau stationärer Hilfen unterschiedlichster Art kam es zur verstärkten Ausdifferenzierung mobiler bzw. ambulanter und teilstationärer Angebote (vgl. Rosenbauer 2008, 24) sowie zur erheblichen Erweiterung des Pflegekinderwesens (vgl. Günder 2007, S. 26).

Mit der strukturellen Veränderung der Heimlandschaft wurden v. a. inhaltliche Qualitätsmerkmale der Erziehung in der Jugendhilfe angestrebt, die sich in neuen pädagogischen Haltungen und Orientierungen zeigen sollten. So wurde bspw. ab Ende der 70er-Jahre in der Fachliteratur verstärkt die Notwendigkeit der Elternarbeit als methodische Vorgehensweise in der Heimerziehung diskutiert (vgl. Günder 2007, 22ff), deren praktische Durchdringung allerdings erst mit dem Inkrafttreten des Kinder- und Jugendhilfegesetzes (im Folgenden abgekürzt mit KJHG) 1990/1991 an Kontur gewann.

Die Verabschiedung des KJHG am 28. März 1990[3], mit der das bis dato geltende *Jugendwohlfahrtsgesetz* (JWG) abgelöst wurde, kann als dritte Station des Weges der modernen Heimerziehung betrachtet werden. Als entscheidende Veränderung zum JWG zeigen sich in der gesetzlichen Neufassung der Jugendhilfe insbesondere die Konzentration der Jugendhilfetätigkeit bei den kommunalen Jugendämtern[4], die umfassende Beschreibung allgemeiner Förderangebote und präventiver Hilfemaßnahmen sowie die rechtliche Verankerung des Abbaus repressiver Maßnahmen (vgl. Münder 1996, 14f.) bzw. die verstärkte Beteiligung aller Betroffenen am gesamten erzieherischen Hilfeprozess (vgl. Trede; Winkler 1995, 229).

Da sich das KJHG als Leistungsgesetz des Sozialgesetzbuches versteht, garantiert es den Personenberechtigten einen Rechtsanspruch auf notwendige Hilfen. Ferner sieht das Gesetz in diesem Zusammenhang ein Wunsch- und

Wahlrecht für die Personenberechtigten hinsichtlich der Gestaltung der Hilfen vor. Dies ermöglicht den Erziehungshilfeempfängern eine aktive Beteiligung am Hilfeprozess bzw. Inanspruchnahme des Angebots der Jugendhilfe. Hiermit wird das KJHG der Erkenntnis gerecht, dass der Erfolg einer Heimunterbringung nur gegeben ist, wenn die Betroffenen selbst sowohl die Einrichtung aussuchen als auch an der inhaltlichen Ausgestaltung der Maßnahme durch selbstständig mitwirken können (vgl. Trede; Winkler 1995, 229).

2.3 Heimerziehung im Kontext des KJHG

2.3.1 Allgemeine Zielsetzung des KJHG

Als modernes Leistungsgesetz soll das KJHG den gesamten Lebensbereich der Kinder und Jugendlichen einschließen und in seinen rechtlichen Handlungsabläufen berücksichtigen (vgl. Sünker; Swiderek o.J., 706). Die Jugendhilfe wird dabei als Interessenvertretung der Kinder und Jugendlichen verstanden, was bereits in § 1 KJHG deutlich wird, welcher unter der Überschrift „Recht auf Erziehung, Elternförderung, Jugendhilfe" die Grundlagen und Ziele der Kinder- und Jugendhilfe zusammenfasst:

„(1) Jeder junge Mensch hat ein Recht auf Förderung seiner Entwicklung und auf Erziehung zu einer eigenverantwortlichen und gemeinschaftsfähigen Persönlichkeit.
(2) Pflege und Erziehung der Kinder sind das natürliche Recht der Eltern und die zuvörderst ihnen obliegende Pflicht. Über ihre Betätigung wacht die staatliche Gemeinschaft.
(3) Jugendhilfe soll zur Verwirklichung des Rechts nach Absatz 1 insbesondere
1. junge Menschen in ihrer individuellen und sozialen Entwicklung fördern und dazu betragen, Benachteiligungen zu vermeiden oder abzubauen,

2. Eltern und andere Erziehungsberechtigte bei der Erziehung beraten und unterstützen,

3. Kinder und Jugendliche vor Gefahren für ihr Wohl schützen,

4. dazu beitragen, positive Lebensbedingungen für junge Menschen und ihre Familien sowie einer kinder- und familienfreundlichen Umwelt zu erhalten oder zu schaffen" (§ 1 KJHG).

Hiermit wird deutlich, dass die Förderung von Kindern und Jugendlichen nicht nur im Einklang zu sehen ist mit der sozialpädagogischen Unterstützung der Eltern, sondern dass der Position der Eltern bzw. dem Stellenwert der Familie im KJHG eindeutig eine zentrale Bedeutung beigemessen wird (vgl. Günder 2007, 38).

2.3.2 Hilfe zur Erziehung

Das Leitmotiv der Eltern- bzw. Familienorientierung, das, wie bereits erwähnt, schon in den 80er-Jahren Bestandteil der fachlichen Diskussion in der Heimerziehung war, findet sich u. a. in § 27 Abs. 1 KJHG wieder. Hier wird die „Hilfe zur Erziehung" folgendermaßen definiert:

„Ein Personensorgeberechtigter hat bei der Erziehung eines Kindes oder Jugendlichen Anspruch auf Hilfe (Hilfe zur Erziehung), wenn eine dem Wohl des Kindes oder des Jugendlichen entsprechende Erziehung nicht gewährleistet ist und die Hilfe für eine Entwicklung geeignet und notwendig ist" (§ 27 KJHG).

Da die Angebote der erzieherischen Hilfen als Leistungsangebote zu verstehen sind, haben die Hilfeangebote einen freiwilligen Charakter und sind auf die Zusammenarbeit mit den Familien angewiesen. Hierbei ist ein Bezug zur Lebensweltorientierung gegeben, da sich Art und Umfang der Hilfe im

Einzelfall des erzieherischen Bedarfs ergibt und das engere soziale Umfeld einzubeziehen ist (vgl. Günder 2007, 40f.).

Folgende Maßnahmen sind in diesem Zusammenhang zu nennen (vgl.: Günder 2007, 41):

§ 28: Erziehungsberatung
§ 30: Erziehungsbeistandschaft, Betreuungsfelder
§ 31: Sozialpädagogische Familienhilfe
§ 32: Erziehung in einer Tagesgruppe
§ 33: Vollzeitpflege
§ 34: Heimerziehung, sonstige betreute Wohnform sowie
§ 35: Intensive sozialpädagogische Einzelbetreuung.

Während die Paragraphen 28 bis 31 ambulante Erziehungsangebote benennen, verweist der Paragraph 32 auf eine teilstationäre Erziehungshilfe. Demgegenüber gelten Vollzeitpflege (§ 33) und Heimerziehung bzw. sonstige betreute Wohnformen (§ 34) als stationäre Erziehungshilfen und die intensive sozialpädagogische Einzelbetreuung (§ 35) kann sowohl in ambulanter als auch in stationärer Form wahrgenommen werden (vgl. Günder 2007, 42).

„Aufgrund der Betonung des Familienbezugs im KJHG sind ambulante Erziehungshilfen den stationären dann vorzuziehen, wenn die familiären Beziehungsstrukturen und Bindungen noch einigermaßen vorhanden sind und zu erwarten ist, dass durch ambulante Hilfen die Verhältnisse wieder stabilisiert werden" (Günder 2007, S. 42).

Erscheint dies nicht möglich, so sollen die betroffenen Kinder und Jugendlichen außerhalb des Elternhauses stationär untergebracht und erzogen werden. Hierzu stehen die beiden – als gleichberechtigt geltenden – erzieherischen Formen der Familienpflege und der Heimerziehung zur Verfügung (vgl. Münder u. a. 2003, 314).

Da in dieser Arbeit das Konzept der systemischen Interaktion vorrangig als Angebot der stationären bzw. teilstationären Heimerziehung vorgestellt wird, wird im Folgenden auf die Darstellung der Familienpflege als stationäre Form der Fremdunterbringung zugunsten der Erläuterung der Heimerziehung als stationäres Angebot verzichtet.

2.3.3 Stationäre Unterbringung

Die Grundidee der Familienorientierung findet sich insbesondere dort wieder, wo es um die Ziele der Unterbringung geht. Der Paragraph 34 KJHG bestimmt dabei die Hilfe zur Erziehung in einer Einrichtung über Tag und Nacht. Der Gesetzgeber spricht hier von Heimerziehung und sonstigen betreuten Wohnformen und wird damit dem Umstand gerecht, dass Heimerziehung heute in höchst unterschiedlichen Institutionen und unter differenzierten Gegebenheiten erfolgen kann (vgl. Günder 2007, 45).

Heimerziehung hat die grundlegende Aufgabe, das Alltagserleben der Kinder und Jugendlichen mit pädagogischen und therapeutischen Angeboten zu begleiten, sodass eine individuelle Förderung der Kinder und Jugendlichen erfolgen kann (vgl. Münder u. a. 2003, 319f.). Als Ziel dieser Förderung kann die Unterbringung in der Herkunftsfamilie oder einer anderen Familie bzw. die Vorbereitung auf ein selbstständiges Leben angesehen werden:

„[Heimerziehung] soll entsprechend dem Alter und Entwicklungsstand des Kindes oder des Jugendlichen sowie den Möglichkeiten der Verbesserung der Erziehungsbedingungen in der Herkunftsfamilie
1. eine Rückkehr in die Familie zu erreichen versuchen oder
2. die Erziehung in einer anderen Familie vorbereiten oder
3. eine auf längere Zeit angelegte Lebensform bieten und auf ein selbstständiges Leben vorbereiten" (§ 34 KJHG).

Zwei Grundannahmen sind hier auszumachen: Zum einen zeigt sich das Verständnis, Heimerziehung heute – im Gegensatz zum familienersetzenden Charakter früherer Verständnisweisen der Heimerziehung – v. a. als familienunterstützendes bzw. familienergänzendes Angebot zu betrachten. Dementsprechend soll die begleitende Unterstützung und Beratung der Familie zur Verbesserung der Erziehungsbedingungen in der Herkunftsfamilie beitragen, sodass die Erziehung des Kindes im optimalen Fall wieder von den Eltern realisierbar ist (vgl. Trede; Winkler 1995, 229). Zum anderen zeigt sich die Konzentration auf eine Erziehung der Kinder und Jugendlichen zur Selbstständigkeit hin. So soll Heimerziehung die Kinder und Jugendlichen in allen Fragen der Lebensführung, so auch in Fragen der schulischen bzw. beruflichen Ausbildung und Beschäftigung, beraten und unterstützen (vgl. Münder u. a. 2003, 319ff).

Eine wesentliche Aufgabe der Heimerziehung ist es demnach, den Kindern und Jugendlichen einen Lebensort zu bieten, der ihre Zukunftschancen optimiert. Kinder und Jugendliche, bei denen eine stationäre Unterbringung für notwendig erachtet wird, sind mit besonderen Problemlagen belastet, die gesellschaftlich, individuell und/oder familiär begründet sind (vgl. Günder 2007).

2.4 Klientel der Heimerziehung

Kinder und Jugendliche, die in stationären Institutionen der Erziehungshilfe leben, gelten als belastet (vgl. Kormann 2006, 29). Sie weisen mehr oder weniger stark ausgeprägte Schwierigkeiten, Störungen, Auffälligkeiten und Abweichungen auf, die sich auf ihren Verhaltens- und Erlebensbereich erstrecken. Diese Probleme erfolgen meist aus den besonderen Biographien der jungen Menschen (vgl. Günder2007, 31).

Das Forschungsprojekt JULE, welches in den Jahren 1995 bis 1998 am Institut für Erziehungswissenschaft der Universität Tübingen durchgeführt wurde[5], nennt als Hauptgründe einer Heimunterbringung u. a. folgende Ursachen (vgl.: Bundesministerium für Familie, Senioren, Frauen und Jugend 1998, 11ff):

- Störungen der Eltern-Kind-Beziehung (67,5%)
- das Kind als Opfer familiärer Kämpfe (54,3%)
- Vernachlässigung der Kinder (47,4%)
- Gewalt/Missbrauchserfahrungen (43,1)
- Desorientierung in Alltagssituationen/Verwahrlosung (27,4%)
- Zugehörigkeit zu problematischen Milieus (17,8%)
- Loyalitätskonflikte (14,7%) (vgl. Hamberger, 1998, 210)

Weiterhin zeigt sich, dass Kinder und Jugendliche, die Erziehungshilfen benötigen, häufig aus familiären Lebensformen entstammen, die verbunden sind mit:

- einer Zunahme von Familien mit nur einem Kind,
- einer Scheidungsratensteigerung der Eltern,
- einer Steigerung allein erziehender Elternteile,
- der Berufstätigkeit beider Elternteile,
- der Langzeitarbeitslosigkeit der Eltern,
- familiären Alkohol- und Drogenproblemen,
- beengten Wohnverhältnissen sowie
- Verarmungstendenzen bzw. dem Leben am Existenzminimum (vgl. Günder 2007, 39 sowie Trede 2001, 170)

In der Forschungsliteratur werden als Klientel der Heimerziehung i. d. R. Kinder und Jugendliche aus sozial benachteiligten Familien bzw. aus „schwierigen" Familienverhältnissen genannt, die häufig mit wirtschaftlichen, sozialen und psychischen/gesundheitlichen Problemen belastet sind (vgl. Trede 2001, 170).

Bei einer solch komplexen Problemlage erscheint es nicht verwunderlich, dass die meisten Familien, die eine Heimunterbringung in Erwägung ziehen, häufig bereits einen langen Weg mit dem Jugendamt hinter sich haben und diverse Angebote der Jugendhilfe bereits in Anspruch genommen haben. In der Regel werden dabei ambulante Maßnahmen den stationären Angeboten vorgeschaltet, d. h. das Heim wird für diejenigen Kinder und Jugendlichen zum Lebensort, die vorübergehend oder langfristig nicht in der eigenen Familie leben können, da dort eine hinreichende Entwicklung nicht gewährleistet erscheint (vgl. Günder 2007, 14ff).

Als wesentlich ist in diesem Zusammenhang die Aufgabe der Heimerziehung zu sehen, nicht nur die Bewohner, also die betroffenen Kinder und Jugendlichen, als Klientel zu betrachten, sondern auch die Familie und das weitere soziale Umfeld. In der Praxis wird dieser Forderung nachgekommen, wenn Konzepte, die die Lebenswelt der Kinder und Jugendlichen konsequent einbeziehen, als Basis der pädagogischen Arbeit begriffen werden.

2.5 Elternarbeit und systemischer Ansatz als Konzepte der modernen Heimerziehung

Da sowohl die Einbeziehung der Elternarbeit als auch der systemische Ansatz als Basis in der modernen Heimerziehung anzusehen sind und sie darüber hinaus wesentliche Grundlagen für das Konzept der systemischen Interaktionstherapie bilden, werden diese beiden Ansätze im Folgenden beschrieben.

2.5.1 Elternarbeit in der Heimerziehung

Seit den 80er-Jahren hat sich das Konzept der Elternarbeit in der Heimerziehung verbreitet und wird seitdem in Fachkreisen diskutiert und weiterentwickelt. Während bis dato die Mitarbeit der Eltern in der Heimerziehung nicht erwünscht war, die „gescheiterten" Eltern also von den „schwierigen" oder vernachlässigten Kinder ferngehalten und für die Erziehung professionelle

Fachkräfte eingesetzt wurden, gilt Elternarbeit heute als Selbstverständlichkeit in der Praxis der Heimerziehung (vgl. Schindler 1999, 15f.). Der Zusammenhang der Probleme des Kindes mit dem familiären Gefüge wird heute nicht mehr in Frage gestellt. So gelten die Eltern bspw. als wichtige Informationsquelle zur Situation des Kindes bzw. der Familie sowie als wichtiges Bindeglied in der Förderung des Entwicklungsprozesses des Kindes, der Verbesserung der familiären Beziehungen und der Vorbereitung der Rückführung des Kindes in die Familie (vgl. Conen 1990, 248). Demnach erscheint allgemein anerkannt, dass einerseits die Methoden und andererseits die Inhalte der Elternarbeit in erster Linie dem Kind selbst Nutzen bringen (vgl. Günder 2003, 223).

Die Anfänge der Elternarbeit als Konzept erscheinen untrennbar verbunden mit der Absicht der Heimerziehung, das Familienklima verbessern und die Erziehungsfähigkeit der Eltern stärken und festigen zu wollen. Das Handlungsfeld dieser Arbeit reicht dabei von einfachen Besuchskontakten bis hin zu intensiver therapeutischer Arbeit der pädagogischen Fachkräfte mit den Herkunftsfamilien mit dem Ziel der Rückführung des Kindes in die Familie. Die traditionellste Form der Elternarbeit, die in der Heimerziehung praktiziert wird, ist die Kontaktpflege. Bei der Kontaktpflege werden Kontakte zwischen den Eltern und ihrem Kind und dem Heim entweder zugelassen, gesucht, gefördert oder intensiviert (vgl. Günder 2007, 229f.).

Unter Kontaktpflege fallen:

- allgemeine Elternrundbriefe zu organisatorischen Fragen oder bestimmten pädagogischen Themen,
- offizielle Telefonate,
- persönliche Karten, Briefe und Telefongespräche alltäglichen Inhalts,
- regelmäßige Elternbesuche im Heim,
- Heimfahrten der Kinder am Wochenende und in den Ferien,
- informelle Kontakte in Hol- und Bringsituationen, bei Festen und anderen Veranstaltungen (Taube 2000, 29).

Diese Kontaktpflege ist jedoch nur dann als Teil einer effektiven Elternarbeit zu verstehen, wenn sie zielgerichtet und methodisch planvoll orientiert ist. In diesem Fall erscheint die Kontaktpflege zwischen den Eltern, dem Kind und dem Heim als notwendige Basis für eine zielgerichtete Elternarbeit, da als grundlegende Voraussetzung methodischen Handels die Planbarkeit der Handlungsabläufe zu betrachten ist. Erst durch die methodische Planung werden die einzelnen Handlungen des erzieherischen Prozesses kontrollierbar sowie nachvollziehbar und können sich zu einem sinnvollem Ganzen fügen (vgl. Erhardt 2002, 639).

Neben der (methodischen) Kontaktpflege bestehen weitere Bausteine, die die inhaltliche Ebene der Elternarbeit während der Heimunterbringung des Kindes ergänzen. Auf der allgemeinen Ebene der Kontaktpflege bauen sich die allgemeine Elternarbeit und besondere methodischen Konzepte der Elternarbeit auf. Die Übergänge zwischen diesen Stufen sind dabei mitunter als fließend zu betrachten. Unter allgemeine und methodische Elternarbeit fallen u. a.:

- persönliche Briefe, um Konflikte oder Erziehungsfragen anzusprechen
- Elterngespräche über Konflikte und Erziehungsfragen wie z. B. persönliche Probleme der Eltern, schulische Ausbildung, therapeutische Interventionen für das Kind
- Hilfeplangespräche mit Beteiligung des Jugendamtes
- regelmäßige prozessorientierte Elternberatung zur Bewältigung der Fremdunterbringung, zur Erziehungsberatung, Bearbeitung von Familienkonflikten und Vorbereitung der Rückführung in die Familie. An diesen Gesprächen sind die Eltern, die Erziehungs- und Hausleitung sowie i. d. R. der psychologische Fachdienst beteiligt
- Gruppenarbeit mit den Eltern
- themenzentrierte Elternbildung im Vortrag, Seminar oder Gesprächskreis in Zusammenarbeit mit Familienbildungsstätten oder dem Jugendamt sowie

- eine Familientherapie. Diese kann extern durchgeführt werden, wenn die entsprechenden pädagogischen Mitarbeiter nicht über eine familientherapeutische Zusatzausbildung verfügen oder dieses aus anderen Gründen sinnvoll erscheint (vgl. Taube 2000, 291).

Die gezielte Eltern- und Familienarbeit, die i. d. R. durch familientherapeutisch ausgebildete Fachkräfte erfolgt, will die innerfamiliären Beziehungen so verändern, dass das Symptomverhalten des Kindes für die Stabilisierung des Familiensystems keinerlei Rolle (mehr) spielt und in Folge dessen abgebaut werden kann (vgl. Internet: Tischner 2008).

Da als ausgewiesenes Ziel der Elternarbeit die Reintegration des Kindes in die Familie anzusehen ist, bleibt die Familie während des gesamten Hilfeprozesses, also auch während der Heimunterbringung, die relevante Bezugsgruppe der pädagogischen Arbeit. Dabei wird angestrebt, sowohl die elterliche Erziehungsfähigkeit als auch die familiären Strukturen zu verbessern bzw. zu stärken, (vgl. Taube 2000, 6). Im Einklang hiermit ist die Aufgabe der Elternarbeit zu sehen, den Eltern das Gefühl, in der Erziehung ihres Kindes „versagt zu haben", zu nehmen.

Als weitere Ziele der Elternarbeit gelten u. a.:

- die Reduktion der Dauer des Heimaufenthaltes
- die Unterstützung der Eltern in Familienkrisen
- die Aufklärung der Beziehungsprobleme zwischen Eltern und Kind
- Vor- und Nachbereitung der Kontaktpflege zwischen Eltern und Kind
- Veränderung des elterlichen Verhaltens und Erziehungsstils
- Befähigung der Eltern zur Annahme der Elternrolle
- Motivierung der Eltern zur Mitarbeit
- Akzeptanz der pädagogischen Fachkräfte und des Heims (vgl. Conen 1990, 2481).

Die Elternarbeit erfolgt allerdings nicht immer problemlos. Die Gründe hierfür sind vielfältig. Als grundlegende Barriere einer funktionierenden Elternarbeit ist jedoch die Fremdunterbringung des Kindes zu sehen, wenn diese einhergeht mit einer Konkurrenzsituation zwischen Heimmitarbeitern und Eltern. Conen nennt als Bereiche der Elternarbeit, die mit Schwierigkeiten in der Praxis verbunden sein können, die Eltern selbst, die Arbeitsbedingungen der Mitarbeiter und die institutionellen Bedingungen.

In Bezug auf die Arbeit mit den Eltern lassen sich aus gewonnen Praxiserfahrungen folgende Probleme nennen:

- Die Eltern zeigen keine ausreichende Bereitschaft zur Mitarbeit.
- Der Wohnort der Eltern ist zu weit entfernt, um den Anforderungen der Elternarbeit gerecht zu werden.
- Die Eltern nehmen die Heimmitarbeiter als Konkurrenz wahr und halten sich in Folge dessen nicht an Vereinbarungen.
- Die Eltern fühlen sich für die Fremdunterbringung ihres Kindes schuldig und vermeiden deshalb den Kontakt zum Kind.
- Die Eltern zeigen keine Kontinuität in der Beziehung zum Kind, sie schwanken zwischen Fürsorge und Desinteresse, sodass die Kontaktpflege nicht planvoll erfolgen kann (vgl. Conen 1987, 28ff).

Des Weiteren sind die Arbeitsbedingungen vor allem durch die zeitlichen Anforderungen der Elternarbeit im Zusammenhang mit dem Gruppenalltag problematisch. So ist es bspw. nur in wenigen Fällen möglich, dass Mitarbeiter während des allgemeinen Gruppendienstes Elterngespräche führen können, da dieser i. d. R. die Zeit der Mitarbeiter in vollem Maße in Anspruch nimmt. Doppeldienste, die Elterngespräche außerhalb oder innerhalb der Einrichtung ermöglichen, sind nur selten oder gar nicht möglich. Dazu kommen eine häufig ungenügende personelle Ausstattung der Einrichtung, die eine qualifizierte familienorientierte Arbeit erschwert, sowie die unzureichende Qualifikation der Mitarbeiter für die Familien- bzw. Elternarbeit (vgl. Conen 1990, 250f.).

Die institutionellen Bedingungen der Elternarbeit zeigen Schwierigkeiten in der Klärung der Zuständigkeiten von einzelnen Institutionen und Ämtern, so z. B. bei finanziellen Fragen oder juristischen Angelegenheiten. Außerdem müssen zahlreiche bürokratische Anforderungen, wie z. B. die Dokumentation des erzieherischen Auftrags sowie dessen Ablauf von den pädagogischen Mitarbeitern bewältigt werden, was mit der Reduktion der Zeitaufwendung für die Elternarbeit einhergehen kann. Erschwerend für eine effektive Elternarbeit kommt hinzu, dass einige Träger und einweisende Behörden die Familienorientierung und somit die Elternarbeit einer Einrichtung nicht unterstützen, wodurch die Arbeit durch Nichtklärung von Zuständigkeiten und Finanzierungsfragen behindert wird (vgl. Conen 1990, 250).

Zusammenfassend bleibt festzuhalten, dass Elternarbeit einen wichtigen Bestandteil der Heimerziehung darstellt. Dieser erfordert allerdings einen hohen Aufwand an Planung und Durchsetzung, der mitunter nicht immer zu leisten ist. Zur Sicherstellung einer effektiven Elternarbeit erscheint es wesentlich, die Rahmenbedingungen dieser zu optimieren. Hierzu zählt bspw. die (stetige) Weiterentwicklung der grundlegenden Instrumente der Kooperation wie Beratung, Supervision und Helferkonferenzen, die der Zusammenarbeit aller Beteiligten zugute kommt (vgl. Conen 1992, 18).

Da die Eltern als wichtiges Bindeglied in der Elternarbeit betrachtet werden, sollte stets Sorge dafür getragen werden, dass die Herkunftsfamilie und deren Belange im gesamten Hilfeprozess eine angemessene Beachtung finden. So sollten die im Heim untergebrachten Kinder bei den Mitarbeitern ein Gefühl von Achtung und Akzeptanz gegenüber ihren Eltern erfahren. Die Eltern sollten als Menschen wahrgenommen werden, die das für sie derzeitig Bestmögliche für ihr Kind leisten. Eine solche, von Akzeptanz und Respekt geprägte Haltung der Mitarbeiter den Eltern gegenüber, erfordert von den pädagogischen Fachkräften mitunter eine umfassende Reflexion und Analyse der beruflichen Rolle und Position. Heimmitarbeiter können ihre Stellung zu den Eltern und auch die Arbeit mit dem Kind explizit verbessern, wenn sie sich eine systemische Sichtweise der vorhandenen Situation erarbeiten. In diesem

Zusammenhang erscheint eine Betrachtungsweise sinnvoll, die die Familie als System versteht und das im Heim untergebrachte Kind als Mitglied dieses Systems ansieht (vgl. Schindler 1999, 16).

2.5.2 Der systemische Ansatz in der Heimerziehung

Das Konzept des systemischen Ansatzes ist als Weiterentwicklung der Elternarbeit zu begreifen. So wird dieses häufig auch als systemische bzw. als systemische und familientherapeutische Elternarbeit bezeichnet. Der wesentliche Unterschied zur herkömmlichen Elternarbeit ist darin zu sehen, die Eltern nicht nur als wichtiges Bindeglied des erzieherischen Prozesses zu begreifen, sondern die gesamte pädagogische Arbeit auf die Familie auszurichten.

„Eltern- und Familienarbeit in Heimen erfordert es, von einer linear-kausalen Betrachtungsweise abzurücken und einen Einstellungswechsel zu vollziehen, hin zu einer Sicht von der Familie als System, von einer parteilichen Kind-Orientierung hin zu einer systemischen Sicht des Auftrages an das Heim und der Arbeit im Heim" (Conen 1992, 21).

So geht die systemische Betrachtungsweise davon aus, dass der gestörte Entwicklungsverlauf des Kindes durch das personale Umfeld des Kindes, seine Rollenzuweisung und Rollenübernahme sowie alle familiären Interaktionen mitbestimmt wird. Da in der systemischen Elternarbeit sowohl Verhaltensauffälligkeiten als auch Störungen im emotionalen Bereich und der Leistungsfähigkeit des Kindes nicht ursächlich der Person des Kindes zugewiesen werden, beziehen sich die therapeutischen Interventionen auf alle relevanten Faktoren. Das Verhalten des Kindes wird sich demnach nur dann nachhaltig verändern, wenn bspw. die Rollenerwartungen innerhalb der Familie korrigiert werden. Die Familienmitglieder müssen infolge eigener Einsicht die Verhaltensänderungen nicht nur zulassen, sondern diese auch fördern und ertragen können. Damit impliziert die systemische Familientherapie eine viel weitergehende Aufgaben-stellung der Elternarbeit (vgl. Günder 2007, 223f.).

Die Zugehörigkeit und Verbindung des Kindes zu seiner Familie wird im systemischen Ansatz als bedeutender Bestandteil des Selbstverständnisses und der Identität des Kindes angesehen.

„Heimerziehung muss daher die Loyalitätsbindungen des Kindes an seine Herkunftsfamilie sowie den Systembezug (Funktion) des Problems vor allem in der Interaktion mit dem Kind berücksichtigen und einen inten-siveren Kontakt zur Familie des Kindes pflegen und diese in den (Heim-) Alltag des betreuenden Kindes einbeziehen" (vgl. Conen 1991, 12).

Wenn dieses nicht in ausreichender Weise erfolgt, so besteht die Gefahr, dass die Erfolge in der Arbeit mit den betreuenden Kindern hinfällig werden. Schwierigkeiten in der praktischen Umsetzung zeigen sich v. a. dann, wenn die betroffenen Kinder das neue Verhaltensmuster nicht leben können, weil sie in der Familie, bspw. im Rahmen von Wochenendbesuchen, mit den alten Rollenerwartungen konfrontiert werden. Für die pädagogischen Fachkräfte stellt eine solche Situation eine besondere Herausforderung dar, der sie sich stellen müssen. Dabei zeigt sich lt. Conen, dass zwischen der Einsicht in die Notwendigkeit einer systemischen Eltern- bzw. Familienarbeit und der prak-tischen Umsetzung eine Diskrepanz besteht (vgl. Conen 1991, 11).

Die Anforderungen, die die systemische Elternarbeit an die erzieherischen Institutionen stellt, gehen weit über das herkömmliche Verständnis von Heimerziehung hinaus. Hier muss die Zukunft zeigen, ob das verankerte Selbstverständnis der Heimerziehung veränderbar ist und eine Hilfe für das Kind und sein Lebensumfeld darstellen will (vgl. Conen in: Evangelische Jugendhilfe 1991, 11).

Zusammenfassend kann an dieser Stelle festgehalten werden, dass der syste-mische Ansatz innerhalb der Arbeit mit Familien die lineare Perspektive zu-gunsten einer zirkulären Sichtweise überwinden will, d. h. von Veränderungen

1. Ordnung, welche kompensatorische Vorgänge darstellen, zu Veränderungen
2. Ordnung, die Veränderungen des Systems anstreben, gelangen will (vgl.
Kap. 3.1). Das Denken in Pathologien und Defiziten muss hierfür allerdings
eingestellt werden zugunsten der Ausrichtung und Stärkung vorhandener
Ressourcen und Fähigkeiten (vgl. Conen 1991, 14).

2.6 Schlussfolgerung

Der Hintergrund der traditionellen Heimerziehung beruht auf einem linearen Denkmodell über die Welt. Hierbei haben die Eltern die Verantwortung,
für die Erziehung der Kinder zu sorgen, so dass diese die bestehenden Werte
und Normen der Gesellschaft übernehmen und sich zu einem vollwertigen
Mitglied der Gesellschaft entwickeln können. Treten bei der Entwicklung des
Kindes Störungen und Abweichungen auf, wird angenommen, dass Eltern bzw.
Familienangehörige die in sie gesetzten Erwartungen nicht erfüllen konnten
und zu den Entwicklungs- und Verhaltensdefiziten der Kinder beigetragen
haben. Durch entsprechende Hilfemaßnahmen und gesetzliche Normen sollen
diese Mängel ausgeglichen werden. Hierzu werden Experten eingesetzt und
veranlasst, die sich dieser Aufgabe widmen sollen.
Erzieherischen Institutionen wie Kinder- und Jugendheimen wird bei dieser
Sichtweise ein übergeordneter Stellenwert zugewiesen: Die Einrichtung mit
ihren professionellen Erziehern und Therapeuten beseitige die erzieherischen
Defizite und führe den Familien ihr Versagen vor. Die Familie werde als in-
kompetent, minderwertig und damit von der Norm abweichend deklassiert.
Die Frage nach der höheren erzieherischen Kompetenz, die sich in diesem
Zusammenhang aufzudrängen scheint, führt zwangsläufig zu einem Konkur-
renzverhalten zwischen Eltern und pädagogischen Kräften. In Konfliktsituationen zeigten Kinder jedoch stets den Willen, den Standpunkt der Eltern
einzunehmen und gegen den Standpunkt der Heimerzieher zu agieren (vgl.
Schindler 1999, 15f.).

Dadurch wuchs mehr und mehr die Einsicht, dass mit der Ausklammerung der Eltern die pädagogischen Ergebnisse der Heimerziehung unzureichend sind. So zeigte sich, dass nur durch die Einbeziehung der familiären Zusammenhänge die Gründe der Heimunterbringung des Kindes geklärt und zufriedenstellende Lösungen gefunden werden konnten (vgl. Taube 2000, 18).

Hier setzt das Konzept der systemischen Eltern- und Familienarbeit an, dessen Fokus auf der Funktionalität des Familiensystems liegt. Die betroffenen Kinder werden demnach nicht mehr vorrangig pathologisch eingestuft sondern es findet ein ganzheitlicher Ansatz der Betrachtung mit den Menschen und des Lebenssystems statt, mit der Analyse, welche Aufgabe dem Kind in diesem System zukommt. Hierdurch richtet sich die Arbeit auf die Auffälligkeiten oder Defizite des Kindes innerhalb seines Systems und es gilt, die Funktionalität des Systems so weiterzuentwickeln, dass das System Familie ohne diese Auffälligkeiten, d. h. mit einem neuen Verhaltensmuster des Kindes, funktionieren kann. Das Familiensystem wird im systemischen Ansatz von den Pädagogen als entscheidendes Instrument im erzieherischen Prozess verstanden. Die Eltern bleiben hier weiterhin aktiv in der Erziehungsverantwortung, wodurch die Konkurrenzsituation zu den Heimerziehern entfällt.

In der systemischen Betrachtungsweise kommt dem Heim somit die Aufgabe zu, das gestörte Familiensystem kurz- bzw. mittelfristig zu entlasten und funktionierende Entwicklungsmöglichkeiten im Familiensystem zu bekräftigen, damit die dauerhafte Unterbringung im Heim vermieden werden kann.

3. Neue Wege der modernen Heimerziehung: Die Systemische InteraktionsTherapie

3.1 Theoretischer Hintergrund

Um die historische Entwicklung und die Grundideen des systemischen Arbeitens in ihren Grundzügen darzustellen, bedarf es vorab der Erklärung, was der Begriff „System" überhaupt bedeutet.

Der Systembegriff wird im globalen Zusammenhang für die Bezeichnung der Menge von Objekten und Elementen sowie der Beziehungen zwischen den Objekten und deren Merkmalen verwendet. Darüber hinaus wird ein System nicht ausschließlich über seine Innenwelt definiert, sondern es wird erst als System verstanden, wenn es von einer Umwelt unterschieden werden kann. Somit entstehen Systeme erst dadurch, dass ein Beobachter die Entscheidung trifft, was er als System und was er als Umwelt betrachtet, er also zwischen Elementen unterscheidet, die innen (d.h. im System) bzw. außen (d.h. in der Umwelt) sein sollen (vgl. Schlippe 2007, 54). Daher definiert sich System als:

> „ein ganzheitlicher Zusammenhang von Teilen, deren Beziehung untereinander quantitativ intensiver und qualitativ produktiver sind als ihre Beziehungen zu anderen Elementen. Diese Unterschiedlichkeit der Beziehungen konstituiert eine Systemgrenze, die System und Umwelt des Systems trennt" (Willke 1993, 282).

Lebende Systeme zeichnen sich durch eine Eigendynamik aus, die sie durch ein bestimmtes Verhalten aktiv aufrechterhalten. Daher gilt für lebende Systeme, dass sich alles verändert, es sei denn, irgendwer trägt dazu bei, dass es bleibt, wie es ist. Diese nichttrivialen Systeme sind also durch ihre Eigendynamik in ständigem Wandel und entziehen sich der genauen Analyse und Beeinflussung von außen. Lebende Systeme besitzen somit unendliche Möglichkeiten, sich zu verhalten (vgl. von Foerster 1988, 33).

Die wissenschaftliche Untersuchung der Regelung und Steuerung von Verhalten in Systemen wird durch die Kybernetik beschrieben. Die Kybernetik 1. Ordnung versteht sich als ein System, das von außen programmiert und kontrolliert werden kann und der Systemtheorie liegt dabei die Vorstellung von Macht und Kontrolle über das Subjekt zugrunde. Da alle Prozesse einer Steuerung unterliegen, kann das System entsprechend beeinflusst bzw. unter Kontrolle gebracht werden. In dieser Theorie besteht grundsätzlich die Annahme eines Idealzustandes. Der Selbstregulation liegt eine Stabilität zugrunde, die als Norm verstanden werden muss. Eine Gegenbewegung muss jede Abweichung ausgleichen und wieder zur Norm führen. Die daraus resultierenden Probleme sowie definitorische und methodische Schwächen haben dieses Konzept jedoch als unzulänglich aufgezeigt. In den 70er-Jahren entwickelten Bateson und Varela Vorstellungen einer Kybernetik 2. Ordnung. Diese ließ sich besser auf lebende Systeme anwenden, da die Kybernetik 2. Ordnung darauf fokussiert war, in welcher Weise lebende Systeme ihre Organisation über einen Abweichungs- und Verstärkungsprozess hinweg mit positiver Rückmeldung modifizieren. Die Kybernetik 2. Ordnung bietet also eine konstruktivistische Perspektive, so dass der Beobachter und das Beobachtete untrennbar miteinander verbunden sind. Laut von Förster beschreibt Kybernetik 1. Ordnung also die beobachteten Systeme, während Kybernetik 2. Ordnung als Kybernetik von beobachtenden Systemen bezeichnet wird (vgl. Abel 2000, 11f.).

Die Wurzeln der systemischen Therapie reichen weit in die Geschichte der Psychotherapie hinein. Aus der Frage, welche Prämissen in sozialen Systemen Menschen ihrem Denken und Erleben zugrunde liegen und welche Möglichkeiten bestehen, diese Prämissen zu hinterfragen, ergaben sich systemtherapeutische Techniken. In diesem Zusammenhang wird nun immer häufiger von systemischer Therapie als Familientherapie gesprochen (vgl. Schlippe 2007, 17). Zu beachten ist hierbei allerdings, dass es das Konzept der systemischen

Therapie nicht gibt. Diese muss vielmehr als Oberbegriff für unterschiedliche Modelle und Ansätze verstanden werden (vgl. Schlippe 2007, 21 ff).

An der Entwicklung der systemischen Therapie war eine Reihe herausragender fachlicher Autoritäten beteiligt, so dass von dem einen Begründer nicht gesprochen werden kann. In den 50er- und 60er-Jahren beschäftigten sich mehrere wissenschaftliche Institute mit der systemischen Therapie. Am Mental Research Institute – kurz MRI – versuchten u. a. Satir, Haley und Watzlawick einen kommunikationstheoretischen Zugang zur Familie als System zu entwickeln. Die als Palo-Alto-Gruppe bekannten Vertreter versuchten die Muster der Kommunikationsstrukturen schizophrener Familiensysteme zu erforschen. Die Double-Bind-Theorie, welche als Ergebnis der Arbeit festzuhalten bleibt, erfasste das Symptom als Ausdruck gestörter Kommunikationsmuster (vgl. Schlippe 2007, 20f.).

Es wurden weitere verschiedene Modelle entwickelt, u. a. das Heidelberger Modell, an welchem u. a. Richter, Sperling und Stierlin als wissenschaftliche Mitarbeiter beteiligt waren und welches die Mehrgenerationsperspektive in den Vordergrund stellte. Dieses Konzept fragt über das derzeitige Handeln hinaus, nach einem Zusammenhang von Verhalten, Erleben und Symptomen; Hinterlassenschaften aus früheren Generationen werden also berücksichtigt und analysiert (vgl. Schlippe 2007, 22ff).

Weitere Impulse erhielt die systemische Arbeit von der strukturellen Familientherapie nach Minuchin, welche besonders die Bedeutung von Grenzen und Strukturen thematisiert und die Familie als ein System, bestehend aus den Eltern und den in der Familie lebenden Kinder sowie die Wechselwirkungen zwischen den Beteiligten betrachtet. So erscheinen in der systemischen Arbeit mit Familien als elementare Fragen, auf welche Weise das Elternsubsystem und das der Kinder miteinander in Beziehung stehen und ob die Grenzen in der Familie deutlich oder diversifiziert sind (vgl. Schlippe 2007, 23f.).

Eine besondere Sensibilität für die verschiedenen therapeutischen Positionen bezieht die systemische Therapie aus der strategischen Familientherapie Haleys. Diese formuliert das Gebot, auch in verwirrenden Situationen eine klare

Position zum System zu behalten. Hieraus entwickelte sich das Handwerkszeug der systemischen Therapie, das mit kreativen und außergewöhnlichen Handlungsabläufen einfache Lösungen für diffizile Probleme suchen will (vgl. Schlippe 2007, 23ff).

Neben den bereits geschilderten klassischen Modellen und Theorien existieren weitere neuere Konzepte, die Einfluss auf die systemische Therapie haben. Das Mailänder Modell, unter Mitarbeit von Palazzoli, Boscolo, Cecchin und Prata entwickelt, geht von umfassenden Perspektiven wie Zirkularität und Neutralität aus und stellte Methoden wie bspw. zirkuläres Fragen (s. u.) vor, welche für die systemische Arbeit unabdingbar geworden sind. Das Setting, d. h. der Aufbau der therapeutischen Sitzung gilt dabei aber als das bekannteste Merkmal des Mailänder Ansatzes. Im Vergleich zu früheren Ansätzen ergab sich hier aus dem Verständnis des Systembegriffs eine konzeptuelle Akzentverschiebung. Das System nach dem Verständnis des Mailänder Modells besteht aus Information und Kommunikation und nicht aus Personen (vgl. Schlippe 2007, 26ff). Somit liegt der Fokus auf:

„Einheiten von Bedeutungen, von Regeln. Familien werden als Informationssysteme gesehen, weniger als physikalisches System von Masse und Energie" (Tomm 1984, 8).

Wie bereits angemerkt, ist die bedeutendste Methode dieses Modells das zirkuläre Fragen, eine konsequente methodische Umsetzung systemischer Erkenntnistheorie. Hierbei handelt es sich um eine Form der Intervention, in der es unmöglich ist, Fragen zu stellen, ohne hierdurch bei den Befragten eigene Ideen auszulösen. Die Grundüberlegung hierbei ist, dass in einem sozialen System das gezeigte Verhalten als kommunikatives Angebot verstanden werden kann. Gezeigte Verhaltensweisen und Symptome haben immer eine Funktion in den wechselseitigen Beziehungsdefinitionen und sind nicht nur als im Menschen ablaufende Ereignisse zu sehen. Bei den Beteiligten werden neue Sichtweisen und Denkprozesse hervorgerufen und die Art der Informationssammlung fragt nicht nach Dingen sondern nach Mustern, da Symptome selbst keine Dinge darstellen sondern Prozesse, gebildet durch Handlungen und Kommunikation (vgl. Schlippe 2007, 137ff).

Ab Mitte der 70er-Jahre wurde u. a. von de Shazer die lösungsorientierte Kurzzeittherapie entwickelt, deren Kernaussage in der Vorstellung liegt, es sei ein Irrtum, zu glauben, dass zwischen Problem und Lösung ein Zusammenhang bestehe. Dieser Ansatz grenzt sich von der systemischen Therapie und der Familientherapie also v. a. dadurch ab, dass in diesem Konzept direkt auf die Lösung zugegangen wird und nicht auf das Problem (vgl. Schlippe 2007, 35).

Im Verlauf der Entwicklung des systemischen Ansatzes kam es zur Kritik zum Verständnis des Settings, wie es die systemische Therapie vorgab. Dadurch entstand ein weiteres Konzept, dass sich an der Kybernetik 2. Ordnung orientiert. Als Alternative zu Konzepten, die die Macht des Therapeuten in den Vordergrund (z. B. das Mailänder Modell) stellen, entstand das so genannte Reflektierende Team als Modell der systemischen Therapie, das von kooperativen Strukturen ausgeht. Hier wird nach Wegen gesucht, wie Therapeuten, Team und Familie eng zusammenarbeiten können, um gemeinsame Lösungsvorschläge für vorliegende Probleme zu finden (vgl. Schlippe 2007, 38f.).

Von herausragender Bedeutung für die Diskussion um die systemische Arbeit ist der Ansatz von Hellinger anzusehen, denn kaum eine andere Theorie hat die Diskussion in der systemischen Therapie so angefacht wie die Hellingers. Hellinger entwickelte einen Weg lösungsorientierter Ultra-Kurztherapie, der vor allem in Aufstellungen besteht, d. h. einer Form von Skulpturarbeit, in der eine Person ihre Herkunftsfamilie positioniert. Auf diese Weise sucht Hellinger nach einer Repräsentation einer guten Ordnung für den Betreffenden. Hierdurch wird der Ratsuchende schnell an existentiell bedeutsame Punkte herangeführt. Nach Hellingers Auffassung existiert in sozialen Systemen eine Ordnung, die bestimmte Wirkungen auf die Systemmitglieder ausübt. Diese Ursprungsordnung richtet sich nach dem Zeitpunkt des Eintritts in ein System und ist nicht veränderbar. Sofern die Ursprungsordnung gewahrt bleibt, gelingen Beziehungen und Störungen resultieren aus der Folge der Missachtung der Ursprungsordnung (vgl. Schlippe 2007, 42ff).

Des Weiteren wird die systemische Therapie noch durch das Konzept der Neurolinguistischen Programmierung (im Folgenden mit NLP abgekürzt) beeinflusst. Aus heutiger Sicht versteht sich die NLP als stetig wachsende Sammlung von Interventionsmustern und Techniken zur Veränderung menschlichen Verhaltens und Erlebens. Kennzeichnend für die Techniken ist, dass individuelle, handlungsbeschränkende Erfahrungen keinerlei Vertiefung erfahren, sondern die Verstärkung innerer Ressourcen anstreben. Dabei steht das bewusste Erlernen erfolgreicher Kommunikationsmuster im Mittelpunkt (vgl. Kohlmey 2001, 59f.).

Die Aufmerksamkeit des neurolinguistischen Programmierens richtet sich auf das Nervensystem und auf die menschliche Sprache. Ein grundlegendes Instrument des neurolinguistischen Programmierens sind zwei bewusst erlernbare Fähigkeiten, nämlich instinktives oder beabsichtigtes Anpassen (Pacing) und Führen (Leading), die eine Verbindung zum Gegenüber herstellen (vgl. Kap. 3.7.4).

Festzuhalten bleibt, dass die systemische Therapie das übergeordnete theoretische Konzept der Systemischen Interaktionstherapie darstellt. In diesem Konzept werden nicht nur individualpsychologische Sichtweisen und familientherapeutische Modelle der Kybernetik 1. Ordnung betrachtet, sondern darüber hinaus auch die Rollenverteilungen und Interaktionsmuster zwischen Familien und Helfenden (Kybernetik 2. Ordnung). Daher wird bei der Systemischen Interaktionstherapie im gesamten Umfeld eines Problems nach Beziehungsmustern gesucht, die als Auslöser des Problems in Frage kommen. Auf den beobachtbaren Interaktionsmustern liegt somit der Fokus. Die Probleme werden interaktionstherapeutisch betrachtet und in der Mikroanalyse der Interaktion wird versucht, die Merkmale der Muster herauszufinden, die zum Scheitern führen. Daraufhin wird versucht, neue Interaktionsmuster aufzubauen und in den Alltag der Familie zu integrieren (vgl. Luhmann 2002, 118ff).

3.2 Triangel, Eltern-Coaching, Familienaktivierung und SIT-Modell

Wie der Überschrift zu entnehmen ist, besteht der system- und interaktionstherapeutische Ansatz aus einigen Grundideen, die in differenzierten Arbeitsformen bzw. Kontexten konkretisiert werden können. Es wurden je nach Akzentuierung der Arbeit unterschiedliche Bezeichnungen verwendet. Der bekannteste Begriff – „Triangel-Modell" – resultiert aus der Tatsache, dass erste Versuche der Konzeptumsetzung im so genannten Triangel-Projekt in Berlin-Neukölln durchgeführt wurden. Auch heute noch werden die Gruppen, in denen das Konzept der systemischen Interaktionstherapie umgesetzt wird, Triangel-Wohngruppen genannt (vgl. Biene 2008, 7).

Zu Beginn war das bedeutendste Element im SIT-Modell, dass Eltern zusammen mit ihren Kindern in einer gemeinsamen stationären Gruppe aufgenommen wurden. In Berlin-Neukölln wurden vier bis fünf Familien aufgenommen und mit ihnen wurde im stationären Bereich gearbeitet. In den ersten Jahren wurde das SIT-Modell also vor allem als stationäre Arbeit mit Familien verstanden. In der Folgezeit wurde jedoch immer deutlicher, dass nicht die Aufnahme der ganzen Familie das entscheidende Merkmal des SIT-Modells war, sondern die veränderte Haltung der Mitarbeiter und die daraus resultierende neue Rollenverteilung zwischen Eltern und Helfern. Diese neuen Eindrücke halfen den Eltern, sich erst auf das gemeinschaftliche Wohnen und dann auf eine intensive Arbeit mit sich selbst einzulassen. Die veränderten Rollenverteilungen, Haltungen und Arbeitsschwerpunkte des SIT-Modells in sich aufzunehmen, brauchte viel Zeit und Arbeit, im ersten Triangel-Projekt ca. vier bis fünf Jahre (vgl. Biene 2005, 7).

Die Rolle der Mitarbeiter veränderte sich im Umgang mit den Familien. Die Mitarbeiter nahmen immer mehr die Rolle der Unterstützer ein und begleiteten die Eltern in Alltagssituationen mit ihren Kindern. 1996 wurde dafür der Begriff Eltern-Coaching entwickelt, welcher in den darauf folgenden Jahren eine weite Verbreitung fand und häufig mit dem SIT-Modell gleichgestellt wird. In der vorliegenden Arbeit wird jedoch deutlich, dass Eltern-Coaching nur einen Teilbereich des SIT-Modells darstellt und das gesamte Modell viele weitere Arbeitselemente beinhaltet (vgl. Biene 2005, 7).

In den 90er-Jahren wurden ambulante Formen der Hilfen nach Deutschland importiert, die sich an dem US-amerikanischen Homebuilder-Modell orientierten. Das Homebuilder-Modell verstand sich als ein Angebot für Familien, bei denen ein Sorgerechtsentzug und, damit verbunden, eine Fremdunterbringung der Kinder erforderlich erschienen. Das Angebot versuchte auf eine kostengünstige Weise eine intensive Unterstützung zu bieten, so dass eine Fremdunterbringung und der Sorgerechtsentzug nicht mehr nötig waren. In Deutschland wurde diese Hilfeform unter dem Namen Familienaktivierungsmanagement – kurz FAM – bekannt (vgl. Biene 2005, 7).

FAM ist eine sechswöchige Kriseninterventionsmaßnahme, die dann zum Einsatz kommt, wenn einer Familie bzw. einem Kind die Fremdunterbringung droht. Diese Situation, die als Krise bezeichnet wird, wird als Chance betrachtet. Es handelt sich um eine familienunterstützende Maßnahme, die das Familiensystem und seine Ressourcen in den Mittelpunkt stellt. Die Fähigkeiten und Stärken der Familie sollen in den Vordergrund gebracht und aktiviert werden, um die Fremdunterbringung zu vermeiden (vgl. Günder 2007, 271 f.). Inzwischen wird der Begriff Familienaktivierung als Oberbegriff für ähnliche Hilfeformen gebraucht und wird oft mit dem SIT-Modell verwechselt.

„Der Begriff Familienaktivierung entspricht nicht dem eigentlichen Ansatz des SIT-Modells. Nach den Annahmen des SIT-Modells werden Familien, insbesondere Eltern, in den bisherigen Hilfeformen vor allem durch Strukturen und Haltungen dieser Hilfesysteme eingeladen, inaktiv zu werden. Das heißt, die Annahme im SIT-Modell ist nicht, dass Familien inaktiv sein wollen und/oder inaktiv sind. Daher müssen sie auch nicht aktiviert werden. Wenn Helfer hingegen aufhören, in Strukturen, Interaktionsmustern und Haltungen zu arbeiten, die Familien deaktivieren, werden diese von selbst aktiv" (Biene 2008, 7).

Laut Biene wird die Arbeitsweise am treffendsten durch den Begriff *System-und Interaktionstherapie* und -Beratung (SIT-Modell) beschrieben (vgl. Biene 2005, 7). Den in der Praxis in diesem Zusammenhang teils unterschiedlichen verwendeten Begrifflichkeiten ist allen gemein, dass sie auf der obigen Definition bzw. Haltung gründen.

3.3 Die Entstehungsgeschichte

Die Anfänge des SIT-Modells basieren auf verschiedenen Modellprojekten, welche im Rahmen der Jugendhilfe durchgeführt wurden. In der Erziehungs- und Familienberatungsstelle des Bezirksamts Neukölln von Berlin, in der Ausbildung und Supervision von Einzelfall- und Familienhelfern am Berliner Institut für Familientherapie und im Bereich der stationären Arbeit im heilpädagogischen Kinderheim „Haus Bockow" in Berlin-Neukölln wurden in den Jahren 1989 bis 1993 erste Versuche gestartet, Eltern stärker in den Hilfeprozess für das eigene Kind mit einzubeziehen (vgl. Biene 2005, 5).

In dieser ersten Phase der Entwicklung des Konzeptes reifte bereits eine wesentliche Annahme des SIT-Modells:

„Die Aktivität von Eltern im Hilfeprozess hängt weniger von der Symptomatik der Kinder/Jugendlichen oder der Dynamik in deren Herkunftsfamilien ab als von der Haltung der Mitarbeitenden im Hilfesystem,
- den „Erklärungsmodellen",
- der Art der Problemdefinition,
- den Rollenzuweisungen
- und den Angeboten,
die vom Hilfesystem gemacht werden" (Biene 2005, 5).

Im Jahr 1994 entstand im „Haus Bockow" das Familienaktivierungszentrum „Triangel", welches sich als ein Forschungsprojekt verstand. In der Heimerziehung wurde nach Arbeitsweisen gesucht, die den Eltern ermöglichen sollten, am Hilfeprozess für ihr Kind aktiv teilzunehmen. Aus verschiedenen Ideen der „Triangel"-Mitarbeiter, die im „Haus Bockow" tätig waren, wurden unterschiedliche Konzepte entwickelt, die zunächst ohne Erfolg blieben. Direkt nach Beginn der Arbeit zeigte sich jedoch das erste Problem: das Angebot zeigte kaum bzw. keinerlei Anklang. Im näheren Umfeld wurde Kritik laut, die aussagte, ein Konzept, bei dem die Eltern so intensiv in die Arbeit miteinbezogen werden bzw. mitarbeiten sollen, wäre nicht umsetzbar. Da es jedoch zahlreiche Kinder gab, die auf Grund besonders starker Verhaltensauffälligkeiten von anderen Kinderheimen nicht aufgenommen wurden, wurde dieser Umstand als Chance betrachtet, das Konzept auf die Probe zu stellen. Den Eltern wurde verdeutlicht, dass sie die wichtigsten Menschen für ihr Kind sind und es wurden familientherapeutische Sitzungen angeboten (vgl. Biene 2005, 6f.).

Doch auch bei diesem Versuch traten Probleme auf, die Eltern waren meist unmotiviert und kamen häufig erst gar nicht zu den vereinbarten Gesprächen. Trotz der familientherapeutischen Sitzungen zeigte sich bei den Eltern kein verändertes erzieherisches Verhalten den Kindern gegenüber. Zunächst wurde dieser Misserfolg an der Symptomatik der Eltern festgemacht. Wenn z. B. ein Vater nach dem Erstgespräch nicht wieder erschien, zeigte sich bei den Mitarbeitern die Motivation, dies als Unzuverlässigkeit des Vaters zu deuten. Dem Ziel einer aktiven Mitarbeit seitens der Eltern kam man jedoch anhand dieser Aufschlüsse nicht näher. Im Zuge einer verstärkt einsetzenden Reflexion in diesem Zusammenhang zeigten sich schon fast verzweifelte Versuche der Mitarbeiter, den Grund des Scheiterns ergründen zu wollen (vgl. Biene 2003, 7). Einen dieser Versuche beschreibt Biene wie folgt:

„Wir spielten z. B. im Team das Erstgespräch nach, das ich mit dem Vater geführt hatte, der unserer Meinung nach „wegen seiner Alkoholproblematik" nach dem ersten Gespräch nicht wiederkam. Und dann passierte etwas Unvermutetes. Der Kollege, der den Vater spielte, sagte mir schon nach wenigen Minuten: „Wenn ich dieser Vater wäre, würde ich auch nicht wieder zu einem Gespräch mit Dir kommen". Das war verblüffend und auch etwas beschämend, aber es führte zu der Frage, was ich ‚falsch' machte und welches Verhalten der Vater von mir brauchte, um Interesse an einer Zusammenarbeit entwickeln zu können.

Wir probierten eine ganze Zeit im Rollenspiel Alternativen zu finden. Alle fachlich fundierten Gesprächsführungsformen verschlimmerten jedoch die Abneigung des „Vaters" gegen mich nur. Schließlich blieb nur eine etwas unkonventionelle Möglichkeit. Ich rief den Vater an und entschuldigte mich dafür, dass ich ihn im ersten Gespräch versucht hatte zu bevormunden und sagte ihm, dass ich es verstehen könne, wenn er unter diesen Umständen kein Interesse mehr hätte, mit mir zu sprechen...und [sic] er wollte plötzlich ein zweites Gespräch. In Situationen wie dieser lag für uns der Beginn all der Ideen und Arbeitsformen, [...]" die sich danach weiter entwickelten (Biene 2003, 7f.).

Die erfolglose Zusammenarbeit mit den Eltern wurde also nicht länger an der Symptomatik der Eltern festgemacht, vielmehr versuchte man, die individuelle Ursache des Scheiterns herauszufinden, indem die entsprechenden Situationen nachgespielt und reflektiert wurden. Hier wurde deutlich, dass die fachlichen Mitarbeiter fast „perfekt" darin waren, in ihrer Vorhergehensweise die Eltern zu demotivieren und die von den Eltern geforderten Veränderungswünsche in eine nutzlose Richtung zu lenken. Dies lag vor allem in der Art der Gesprächsführung und an den benutzten Begriffen zur Beschreibung des aktuellen Problems. Der Hilfeprozess musste also völlig neu definiert und gestaltet werden. Die Fachleute mussten sich eingestehen, dass die Probleme nicht an der Klientel festgemacht werden konnte, sondern dass diese oft von ihnen selbst verursacht wurden. Die auftretenden Probleme wurden somit nicht mehr der „gestörten Familiendynamik" zugesprochen, stattdessen konzentrierte man sich auf die Situationen, in denen es zu Problemen kam. In Rollenspielen versuchte man, die Sichtweisen aller Beteiligten nachzuempfinden und so nach neuen Verhaltensmöglichkeiten zu suchen, die eine positive Auswirkung auf den gesamten Prozess zeigten (vgl. Biene 2003, 8).

Durch diese Erfahrungen entstand eine neue essentielle Idee des Konzepts: „Triangel" muss als ein lernendes System verstanden werden, in dem alle miteinander und voneinander lernen. Es muss ein dialogischer Prozess zwischen Eltern, Kindern, Jugendamtsmitarbeitern und „Triangel"-Mitarbeitern entstehen und, damit verbunden, eine andauernde gemeinschaftliche konzeptionelle Weiterentwicklung erfolgen. Zahlreiche Ideen der Mitwirkenden, besonders die der Eltern und der Kinder sowie die daraus resultierende Wirkung wurden ausgetestet und durch Dokumentation von z. B. Tages- und Wochenzielen auf ihre Effektivität hin überprüft (vgl. Biene 2005, 6).

Durch die veränderte Haltung seitens der Mitarbeiter entwickelten sich völlig neue Arbeitsformen. Die Eltern wurden immer engagierter und wurden sogar Motor für Anregungen und Erneuerungen. Die aktive Haltung der Eltern wurde zum wichtigsten Element für eine positive Veränderung bei den Kindern bzw. Jugendlichen. Viele neue Ideen, wie z. B. Aufgaben in der Heimgruppe zu übernehmen, eigenständig die Heimgruppe zu beaufsichtigen oder auch über Wochen in der Heimgruppe zu leben, kamen direkt von den Eltern. Oft erlebten sie ähnliche Situationen wie die Fachleute. Sie machten einen Misserfolg in der Erziehung an den Störungen des Kindes fest und reflektierten nicht das eigene Verhalten (vgl. Biene 2005, 6f.).

So mussten auch die Eltern feststellen, dass ihr persönliches Auftreten maßgeblich an den erzieherischen Erfolg gekoppelt ist. Alle Parteien hatten darauf zu achten, welche unbeabsichtigten Folgen das eigene Verhalten hervorrief und alle suchten nach einem Verhalten, dass sie den gewünschten Zielen näher bringen würde (vgl. Biene 2003, 8).

Die Bereitschaft der Fachleute, sich selbst in Frage zu stellen und sich zu verändern, schien für die Eltern der größte Anstoß zu sein, sich selbst zu verändern, und die starre Rollenverteilung zwischen Eltern und Mitarbeitern löste sich mehr und mehr auf. Den Eltern gelang es immer mehr, die erzieherische Wirkung auf ihr Kind zurück zu gewinnen und so zeigten sich erste große Erfolge. Die Veränderungen innerhalb des gesamten Teams wurden besonders deutlich, wenn neue Mitarbeiter hinzukamen. Sobald diese in der herkömmlichen Weise mit den Eltern arbeiteten, d. h. in der so genannten alten Helferrolle den Eltern die erzieherischen Aufgaben abnahmen, zeigten sich erneut die alten Muster seitens der Eltern. Diese verhielten sich schnell wieder unmotiviert und fielen in die vorherige inaktive Rolle zurück. So gelangten die Mitarbeiter zu der erschreckenden Hypothese, dass fast alle Helfer (bewusst oder unbewusst) ein Basisverhalten zeigen, welches automatisch eine Deaktivierung der Eltern hervorruft. Es wurde versucht, die gesammelten Erfahrungen und Kenntnisse zusammenzufassen bzw. zu beschreiben und für andere lernbar zu machen. Die Rolle der Mitarbeiter hatte sich so stark verändert, dass diese auch begrifflich verändert werden musste. Es wurden Begriffe wie Erzieher oder Therapeut mit dem Begriff „Coach" ausgetauscht, um die Rolle des Unterstützers besser zu beschreiben (vgl. Biene 2003, 8f).

Seit 1997 wird das SIT-Konzept auf unterschiedlichen Tagungen vorgestellt. Durch Weiterbildungen in Berlin, Brandenburg, Nordrhein-Westfalen und der Schweiz, die von Herrn Michael Biene als Entwickler des Konzeptes geleitet werden, wird versucht, den „Triangel-Ansatz" bzw. das SIT-Modell auch anderen Fachleuten und Familien zugänglich zu machen (vgl. Biene 2005, 5). Als Folge der Weiterbildungen wird zunehmend in verschiedenen Regionen in Deutschland und in der Schweiz versucht, den Ansatz u. a. in folgenden Arbeitsfeldern umzusetzen:

- stationäre, teilstationäre und ambulante Sozial- und Heilpädagogik,
- soziale Arbeit (Sozialdienste, Jugendämter, Beratungsstellen),
- Kinder- und Jugendpsychiatrie,
- Schule (vgl. Biene 2005, 5).

Im August 2003 wurde in Bern (CH) ein SIT-Institut gegründet, welches verschiedene Fortbildungen anbietet, die anhand der Komplexität der Inhalte in unterschiedliche Stufen eingeteilt wurden. In einer neuntägigen Fortbildung erfolgt eine grundlegende Einführung in einige Ideen und Methoden des SIT-Modells. Anschließend folgt ein Grundkurs, der eineinhalb bis zwei Jahre dauert und eine intensive Erarbeitung der Haltung und Methodik des SIT-Modells ermöglicht. In einem Aufbaukurs besteht dann die Möglichkeit, die flexible und sichere Anwendung der Inhalte, vor allem über eine intensiv supervidierte Praxis, zu erlernen (vgl. Biene 2008, 6). Zudem bietet das SIT-Institut weitere unterschiedliche Weiterbildungen an, wie z. B. eine Sonderseminar-Arbeit mit Paaren oder die aktivierende Elternarbeit für Fachpersonen des behördlichen Kinderschutzbundes.

Im Folgenden wird ein kurzer Überblick zu den Haltungen und Grundannahmen des SIT-Modells gegeben.

3.4 Haltung und Grundannahmen des SIT-Modells

Es wird angenommen, dass Grundannahmen in Form eigener Werte und Ideen, wie hilfreiche Prozesse aussehen könnten, sowie entsprechende Erklärungsmodelle die Haltung von Menschen formen. Im SIT-Modell gibt es daher eine Reihe haltungsprägender Grundannahmen. Für Kinder sind die wichtigsten Menschen ihre Eltern. Sie haben den stärksten Einfluss auf ihr Kind. Wenn Eltern die Hilfen aktiv selbst gestalten, ist die Hilfe am effektivsten und am nachhaltigsten. Der Aktivitätszustand der Eltern ist die einflussreichste Kraft für den Hilfeprozess. Es ist besonders wichtig, diesen schon von Anfang an zu ermöglichen und stets aufrecht zu halten. Eltern wollen aktiv sein und wenn sie dies nicht sind, dann kommt das den Rollenzuweisungen und Erklärungsmodellen, welche im alten Hilfenetz entstanden sind, zu Schulde. Die Fachleute des Hilfesystems sind mitverantwortlich dafür, ob Eltern aktiv werden können oder nicht. Das Verhalten eines Kindes wird nicht nur an den Beziehungen der Herkunftsfamilie fest gemacht, sondern es werden auch die Beziehungsmuster zwischen Familie und außerfamiliären Sozialisierungsinstitutionen betrachtet. Das gesamte „Herkunftsnetz" muss in den Hilfeprozess mit einbezogen werden. Die Arbeitsbereiche von zuweisender Hilfe (Jugendamt) und der ausführenden Hilfe (Heimmitarbeiter) dürfen nicht getrennt voneinander und unterschiedlich arbeiten. Sie müssen als ein gemeinsames Team auftreten und handeln. Wenn Arbeitsformen, Erklärungsmodelle und Rollenzuweisungen nicht aufeinander abgestimmt sind, bekommen Eltern beispielsweise widersprüchliche Auskünfte und eine wirkungsvolle Hilfe ist kaum möglich. Symptome der Kinder entstehen häufig durch Rollenunsicherheiten seitens der Eltern (Rollenunsicherheiten liegen vor, wenn die Eltern sich nicht in der Elternrolle befinden, das Kind z. B. als Partner gesehen wird oder die Großmutter die Rolle der Mutter übernimmt). Determinierte und enge Hilfeformen, die keine Veränderungen im Prozess vorsehen, werden der Vielfalt von Hilfebedürfnissen nicht gerecht. Es ist daher sinnreicher, bewegliche und lernfähige Konzepte zu ermöglichen, in denen sich die Familien, die Zuweiser (Jugendamt) und die Ausführenden der Hilfe (z. B. Heimmitarbeiter) fortdauernd und beiderseitig Feedback und Anregungen geben können. Die Probleme einer Familie werden verstärkt und gefördert, wenn Helfer in diffusen Rollen agieren, d. h. wenn der Helfer bspw. die Elternrolle einnimmt. Die wertvollsten Veränderungen, die aufgezeigt werden können, bestehen im Aushandeln der Rollen und der eindeutigen Rollenübernahme der Helfer. Die Interaktionsmuster im gesamten Hilfenetz haben eine große Wirkung auf die Erfolge des Hilfeprozesses. Wertschätzende lösungsorientierte Interaktionsmuster im Hilfesystem sollten eine grundlegende Basis sein. Probleme werden in bestimmten Begriffen und Sprachmustern kommuniziert und haben eine immense Auswirkung auf den eigenen Aktivitätszustand und auch auf den anderer Beteiligter, vor allem auf den der Eltern. Eine wichtige Aufgabe stellt die Erforschung und Erarbeitung dieser Sprachmuster (vgl. Kap. 3.7) dar. Die wichtigste Arbeitsebene im SIT-Modell ist die Arbeit der Eltern an den familiären Alltagssituationen. Sie zeigt häufig die schnellsten und deutlichsten positiven Veränderungen bei den Kindern und wirkt deshalb aktivierend auf die Eltern (vgl. Biene 2005, 9f.).

Die Haltung der Mitarbeiter spielt im SIT-Modell eine entscheidende Rolle. So ist die Arbeit und Reflexion der eigenen Haltung, der eigenen Bewertungen, Interaktionen und Rollenzuweisungen ein sehr wichtiger Bestandteil der Arbeit. Werden Mitarbeiter, die im Jugendhilfesystem arbeiten, nach deren Haltung gefragt, schätzen sich die meisten als systemisch denkend, ressourcenorientiert und familienaktivierend ein. Wird aber genauer hingeschaut und werden die charakteristischen Interaktionsmuster zwischen Helfer und Klient überprüft, wird deutlich, dass oft genau das Gegenteil getan wird. Unbewusst werden Eltern häufig durch bestimmte Haltungen und Interaktionsmuster seitens der Helfer in eine inaktive Rolle gebracht. Die Methodik und Haltung von Mitarbeitern, die nach dem SIT-Modell arbeiten, zielt darauf ab, dass die Eltern tatsächlich in eine aktive Arbeit kommen, die es ihnen ermöglicht, eigene Lösungen zu finden. Bei Rückschlägen und gescheiterter Hilfe sollte der Helfer sich selbst hinterfragen und nicht die Schuld an anderen festmachen. Diese Haltung zu verinnerlichen und nach außen tragen zu können, bedingt allerdings einen langjährigen Prozess (vgl. Biene 2005, 8).

Die bedeutsamsten Grundannahmen des SIT-Modells fasst Michael Biene in folgenden Thesen zusammen:

- Je stärker die Eltern im Hilfeprozess beteiligt sind, umso wirkungsvoller die Hilfe für das Kind.
- Je stärker die Eltern im Hilfeprozess beteiligt sind, umso nachhaltiger die Hilfe für das Kind.
- Eltern wollen aktiv sein – ihre und die Probleme ihres Kindes selbst angehen und lösen!
- Wenn Eltern im Hilfeprozess inaktiv sind, ist dies in erster Linie durch Rollenzuweisungen im Hilfeprozess bedingt.
- Entscheidend für die Art der eingesetzten Hilfe ist meist die fachliche Orientierung im Hilfesystem, weniger die Symptomatik der Familie!
- Das heißt, sehr viel mehr Eltern als bisher angenommen wären bereit, den Hilfeprozess für ihr Kind aktiv zu gestalten. Sie brauchen Angebote, die ihnen eine aktive Rolle einräumen (Biene 2005, 10).

3.5 Methodik des Dreiphasenprozesses

Die genannten Grundannahmen finden sich in einer bestimmten Methodik des SIT-Modells wieder. Der dreiphasige Prozess stellt das Basisvorgehen im SIT-Modell dar. Um die Wichtigkeit des Dreiphasenprozesses für den Hilfeprozess zu verdeutlichen, werden zunächst einleitend einige Gründe genannt. Der Dreiphasenprozess im SIT-Modell ermöglicht:

- während der Familienarbeit den „roten Faden" nicht zu verlieren.
- eine Orientierung für sinnvolles Handeln zu haben. Jede Stufe des Veränderungsprozess ist transparent und enthält konkrete Ideen, welche Arbeitsweisen und welche Gesprächsführung sich als sinnvoll und umsetzbar erweisen und welche nicht.
- eine schnelle Einschätzung über den momentanen Zustand der Familie (wo und in welcher Phase befindet sich die Familie) zu bekommen.
- dass Familien von den Helfern keine unterschiedlichen Erklärungsmodelle und Lösungsvorschläge aufgezeigt bekommen.
- im Team eine Basis zu schaffen, bei welcher man eine gemeinsame methodische Plattform erarbeiten kann und somit ein aufeinander abgestimmtes Handeln möglich ist.
- eine Ebene zu entwickeln, die eine gute Zusammenarbeit zwischen Helfern und Zuweisern bietet, um die Aufgaben sinnvoll aufeinander abzustimmen, um sich zu verständigen und die Arbeit voran zu bringen (vgl. Biene 2005, 18f.).

Im Folgenden wird zunächst nur ein kleiner Überblick über die drei Phasen gegeben. Nachkommend werden die drei Phasen Musterarbeit (vgl. Kap. 3.6), Aktivierende Sprachmuster/Problemtrancearbeit (vgl. Kap. 3.7) und Interaktionsinterventionen (vgl. Kap. 3.8) ausführlich beschrieben.

Die erste Phase: Musterarbeit

Die Musterarbeit ist ein unerlässliches Element des SIT-Modells. Sie stellt die Vorarbeit zu Beginn jeder Hilfe dar. In dieser Phase wird nicht an den Problemen der Klienten gearbeitet sondern die Rollenverteilungen, in denen die Hilfe erfolgen soll, werden grundlegend ausgehandelt und festgelegt. Das maßgebliche Ziel der SIT-Arbeit ist es, den Eltern zu ermöglichen (wieder) aktiv zu werden. Nach dem SIT-Modell ist die Inaktivität der Eltern die Folge einer bestimmten Rollenverteilung im Hilfesystem. In den alten Rollenverteilungen kommt den Eltern kaum eine Rolle zu. Die Fachleute übernehmen Diagnose und Behandlung der Probleme von ihren Kindern. Schon in Erstgesprächen, sowie bei der Definition des Problems der jeweiligen Familien, werden deaktivierende Rollenzuweisungen für Eltern vorgenommen, ohne dass sich der Helfer dessen bewusst ist. Um dieser Deaktivierung vorzubeugen, arbeitet das SIT-Modell, bevor eine genaue Problemerhebung stattfindet, zunächst mit der Musterarbeit. Da in der Musterarbeit die Zuständigkeiten im Hilfeprozess abgesprochen werden, sollte die Musterarbeit zu einem frühen Zeitpunkt erfolgen. In der Musterarbeit wird den Eltern vermittelt, dass die Helfer eine unterstützende Rolle einnehmen, indem sie dabei helfen, die Eltern zu befähigen, die Probleme mit dem Kind (wieder) selbstständig lösen zu können (vgl. Biene 2005, 19f.).

Diese Neudefinition der Helferrolle bringt sehr häufig zwei wesentliche Probleme hervor, die Michael Biene so formuliert:

„Die Eltern bzw. die Familie erwarten aufgrund bisheriger Erfahrungen eine Hilfe nach dem gewohnten Modell und können oftmals die neuartigen Angebote nicht nachvollziehen. Die meisten Helfer haben eine Rollenverteilung internalisiert, nach der vor allem sie die Zuständigkeit und Kompetenz haben, Probleme beim Kind zu erkennen, zu diagnostizieren und zu bearbeiten" (Biene 2005, 20).

Die Musterarbeit stellt den schwersten Teil des SIT-Modells für alle Beteiligten dar. Für eine erfolgreiche Musterarbeit sind eine kognitive Erarbeitung einer veränderten eigenen Rolle und vor allem die Verinnerlichung dieser neuen Rolle als Haltung nötig. Diese Erarbeitung und Verinnerlichung kann einen jahrelangen Prozess bedeuten (vgl. Biene 2005, 20).

Die zweite Phase: Problemtrancearbeit/Aktivierende Sprachmuster

Das SIT-Modell geht davon aus, dass Begriffe, die man zur Beschreibung eines Problems gebraucht, Auswirkungen auf den psychophysiologischen Gesamtzustand derjenigen hat, die diese Begriffe verwenden. Diese Begriffe werden von Eltern, sowie von Fachleuten sehr oft angewandt. Durch die Verwendung von Begriffen wie z. B. „hyperaktiv" oder „psychische Störung" können Eltern in einen Zustand verfallen, den das SIT-Modell „Problemtrance" nennt. In der Problemtrance erleben Eltern die Probleme ihres Kindes als sehr gravierend und sind der Ansicht, die Probleme des Kindes seien nicht veränderbar. Demzufolge sehen sich Eltern nicht in der Lage, die Probleme ihres Kindes selbst zu lösen. Sie werden in Bezug auf ihr Kind inaktiv und die Aktivität richtet sich auf die Suche nach Helfern, die die Probleme des Kindes lösen können. Die Verwendung unbelasteter Begriffe kann hier Abhilfe schaffen: Wird z. B. für das Wort „Schulverweigerer" ein Satz wie „ Er steht seit vier Wochen morgens nicht mehr auf und geht zur Schule" benutzt, fällt es den Eltern leichter, sich diesem Problem gewachsen zu fühlen und selbst aktiv(er) im Hinblick auf die Problemlösung zu werden. Im nächsten Schritt beginnt die Erstellung konkreter, verhaltensbezogener positiv formulierter Zielbilder. Diese Ziele werden von den Eltern selbst in Form eines großen Zielplakats (vgl. Kap. 3.7.7) aufgeschrieben (vgl. Biene 2005, 20).

Die Dritte Phase: Interaktionsinterventionen

Dieser Phase liegt die Annahme zugrunde, dass der bedingende Hintergrund der Symptome von Kindern und Jugendlichen in alltäglich ablaufenden Interaktionssequenzen ihres Umfeldes liegt. Dabei stehen besonders die Interaktionen im familiären Umfeld (insbesondere zwischen Eltern und Kind) im Zentrum der Betrachtung. Es werden zunächst die Interaktionen, die im alltäglichen Leben Probleme hervorbringen, herausgefiltert. Danach wird mit der Unterstützung der Helfer versucht, die Interaktion innerhalb der Familie zu verändern. Dies geschieht zumeist nicht in Gesprächen, sondern in Form von strukturierten Rollenspielen und in Live-Situationen, die zwischen Eltern und Kinder ablaufen. Es werden dabei neue Verhaltensmuster und neue Konstellationen einer Familie erprobt. Wenn sich durch diese Übungen die Abläufe in Alltagssituationen verändern, reduzieren sich die Symptome der Kinder oder verschwinden sogar (vgl. Biene 2005, 20f.).

3.6 Die erste Phase: Musterarbeit

Das SIT-Modell geht davon aus, dass sich in den letzten Jahrzehnten ein System (das Jugendhilfesystem) entwickelt hat, welches den Rahmen für Hilfeprozesse darstellt.

System bedeutet in diesem Kontext, dass es unterschiedliche Rollen gibt, die auf eine bestimmte Weise miteinander interagieren. Diese Rollen haben sozusagen ein Eigenleben entwickelt. Man kann dies vergleichen mit Figuren eines Drehbuchs, d. h. es gibt sie unabhängig davon, welche Akteure die jeweiligen Rollen übernehmen und spielen. So wie Schauspieler eine vorgegebene Rolle eines Drehbuches verkörpern, übernehmen die Menschen in Jugendhilfeprozessen eine Rolle und müssen ebenso wie Schauspieler Teile ihrer persönlichen Individualität aufgeben (vgl. Biene 2008, 20f.).

Grundcharaktere im System „Jugendhilfe" sind nach diesem Verständnis

1. zuweisende Behörden,
2. Anbieter von Hilfen,
3. Klienten (vgl. Biene 2008, 20).

Im SIT-Modell werden diese Grundakteure „Hilfedreieck" genannt. Sie sind in der Regel erforderlich für das Zustandekommen eines wirksamen Jugendhilfeprozesses. Diese drei Rollen haben, je nach dem, in welchem Muster sie miteinander agieren, typische „innere Bilder" oder „kognitive Landkarten" von der eigenen und den jeweils anderen Rollen und damit verbundene Absichten und Ziele sowie darauf basierende Handlungsstrategien (vgl. Biene 2008, 20f.).

Das SIT-Modell unterscheidet zwischen drei verschiedenen Grundmustern, nach denen die drei Rollen (zuweisende Behörde, Anbieter von Hilfen, Klienten) miteinander interagieren. Diese Muster heißen Kampfmuster, Abgabemuster und Kooperationsmuster. Dabei verhindern Kampf- und Abgabemuster die aktive Beteiligung der Eltern am Hilfeprozess. Ziel des SIT-Modells ist es daher, das Kooperationsmuster einzuführen, in welchem die Eltern eine aktive Rolle übernehmen (vgl. Biene 2008, 21).

Die Muster versetzen die beteiligten Akteure in einen bestimmten Zustand. Dieser Zustand wird im SIT-Modell als „Mustertrance" bezeichnet. Der Zustand, wenn Beteiligte sich im Kampfmuster befinden, nennt sich „Kampfmustertrance", der Zustand im Abgabemuster wird „Abgabemustertrance" genannt. Diese Trancen bestimmen die Abläufe im Hilfeprozess zuweilen mehr als die Personen, die die jeweiligen Rollen übernommen haben (vgl. Biene 2008, 21).

3.6.1 Der Weg vom Kampfmuster ins Kooperationsmuster

Eltern, die sich im Kampfmuster befinden, brauchen ihrer Ansicht nach keine Hilfe und lehnen diese rigoros ab. Die Schwierigkeiten, die das Kind z. B. in der Schule zeigt, werden nicht dem Kind oder sich selbst zugeschrieben sondern bspw. den „unfähigen" Lehrern. Es ist zwar auch für die Eltern eine Belastung, wenn z. B. der Lehrer immer wieder anruft und sich über das Kind „beschwert", jedoch sehen die Eltern keinen Grund, sich oder ihr Kind deswegen zu ändern. Die Eltern haben das Gefühl, dass auf ihr Kind besonders geachtet und ihr Kind zum Sündenbock für fehlende Kompetenzen seitens des Umfeldes (z. B. der Schule) gemacht wird. So mögen die Eltern der Meinung sein, dass den Fehlern anderer Schüler oder der Lehrer keine Beachtung geschenkt wird. Dementsprechend wird die Hilfe nur aus dem Grund angenommen, weil es von ihnen verlangt wird und bei Missachtung Sanktionen drohen. In Erstgesprächen mit solchen Eltern zeigen sich mustertypische Aussagen, an denen das Kampfmuster zu erkennen ist. Mit ein wenig Übung kann der Heimmitarbeiter an diesen Aussagen festmachen, ob sich ein ganzes System im Kampfmuster befindet oder nicht (vgl. Biene 2008, 221).

Eine typische Äußerung eines Elternteils im Kampfmuster ist: „Mein Sohn hat keine Probleme, aber seine Lehrer sind unfähig." (Biene 2008, 24).

„Eine wesentliche Annahme im SIT-Modell ist, dass der Zustand einer Person (bzw. bestimmte charakteristische Sätze oder Fragen) im Kampfmuster nahezu reflexhaft einen komplementären Zustand beim Gegenüber auslöst. Ähnlich wie der Klingelton bei Pawlows berühmten Hund zu einer Absonderung von Speichel führte, können ein bestimmter Zustand bzw. bestimmte Sätze/Fragen von Helferinnen Klienten zu widerständig und unmotiviert wirkenden Menschen werden lassen" (Biene 2008, 24).

Das SIT-Modell hat Vorgänge entwickelt, die Eltern helfen, aus dem Kampfmuster in ein Kooperationsmuster zu gelangen, um wieder eine aktive Rolle einnehmen zu können. Dabei ist es vor allem wichtig, eine verständnisorientierte Grundhaltung einzunehmen. Der Helfer sollte:

- nachvollziehen können, dass es dem Klienten unter den erlebten Bedingungen kaum möglich ist, die Probleme bei dem Kind oder bei sich zu sehen und somit auch eine Hilfe als nicht notwendig empfindet

- sich von dem Wunsch lösen, den Klienten „gewinnen oder motivieren" zu können
- sich nicht mit dem Klienten verbünden oder sich gemeinsam gegen die Schule, das Jugendamt oder andere Institutionen zu stellen
- seine Allparteilichkeit in jeder Situation bewahren
- die Sichtweise des Klienten verstehen (vgl. Biene 2005, 25).

Dieses so wichtige Verständnis kann unterschiedlich ausdrückt werden. Biene benutzt folgendes Beispiel:

„Wenn ich es so erleben würde, dass mein Kind sich einwandfrei verhält und ihm trotzdem oft die Schuld für Probleme in der Klasse gegeben wird, würde ich auch nicht denken, warum mein Kind ins Heim soll" (Biene 2005, 25).

Zusätzlich existieren verschiedene Hilfsregeln für eine Gesprächsführung im Kampfmuster. Diese sind u. a.:

- immer wieder überprüfen, was der Klient will und ob der Klient das Gespräch führen möchte
- die Verantwortung auf sich selbst nehmen
- den Klienten so ansprechen, dass benannt wird, was man evtl. „falsch gemacht" hat
- bei Unsicherheiten sich mehrmals vergewissern, ob der Klient wirklich über diese Dinge sprechen möchte (vgl. Biene 2008, 29).

Des Weiteren ist es im Kampfmuster besonders wichtig, die Äußerungen des Klienten wirklich aufzunehmen und über keine Äußerungen hinwegzugehen. Wenn z. B. der Klient das Erstgespräch mit den Worten „Ich soll mich hier melden, ich muss hier herkommen" beginnt, sollte man dies nicht nur verbal aufgreifen, sondern die Äußerungen ernst nehmen: „Heißt das, dass

Sie es nicht für sinnvoll halten, sich hier zu melden? Sollten wir das Gespräch dann lieber beenden?" Diese Reaktion überrascht die Klienten zunächst sehr, jedoch fühlen sie sich dadurch verstanden und gehen nicht sofort in eine Abwehrhaltung dem Helfer gegenüber (vgl. Biene 2008, 29f.).

Im nächsten Schritt sollte der Helfer seine eigene Rolle und das eigene Angebot klar und deutlich erkennbar machen und dabei die benannten Probleme des Klienten mit einbeziehen. In diesem Moment könnte der Helfer sagen:

- „Wir sind für Eltern da, die große Probleme haben und dringend Hilfe wollen und wenn ich es richtig verstanden habe, halten sie es nicht für notwendig, dass ihr Kind oder Sie Hilfe bekommen, ist das richtig?"
- „Wir sind auch für Eltern da, die Probleme mit der Schule haben." (dabei sollte das Problem benannt werden, welches auf den jeweiligen Klienten zutrifft)

- „Auch bei diesen Problemen können wir sie dabei unterstützen, jedoch nur, wenn die Eltern ihrem Kind beibringen oder für sich selbst erreichen wollen, sich so zu verändern, dass z. B das Jugendamt keinen Grund mehr sieht die Eltern zu kritisieren. Dann können wir die Eltern dabei unterstützen, natürlich nur, wenn sie es ausdrücklich wollen" (vgl. Biene 2008, 30).

Diese Gesprächsführung ist für die Klienten oft ganz neuartig und häufig wird danach das Gespräch zuerst einmal beendet, um dem Klienten eine Chance zu geben, sich Gedanken über das Gespräch zu machen und zu entscheiden, ob ein weiterer Termin für ihn Sinn macht. Die Eltern sind oft darüber verwundert, dass sie selbst entscheiden können, ob sie bleiben oder gehen, ob sie wieder kommen oder nicht. Jedoch wird die Art des Angebotes anfänglich kaum verstanden und daher ist es in der Regel notwendig, das Angebot und die damit verbundenen Folgen sehr häufig zu wiederholen, bis langsam „innere Bilder" von dem, wie der Prozess aussehen könnte, entstehen. Wenn die

Eltern diese „inneren Bilder" entwickelt haben und bereit sind, den Weg mit der Unterstützung des Helfers zu gehen, obwohl sie wissen, dass der Weg lang und anstrengend sein wird, befinden sich die Eltern im Kooperationsmuster (vgl. Biene 2008, 30).

Um aufzuzeigen, wie ein Hilfedreieck im Kooperationsmuster aussehen kann, folgt hier eine Abbildung in der die veränderten Rollen und die damit verbundenen, veränderten Interaktionsabläufe dargestellt sind.

Abb. 1: Das Hilfedreieck – vom Kampfmuster zur Kooperation

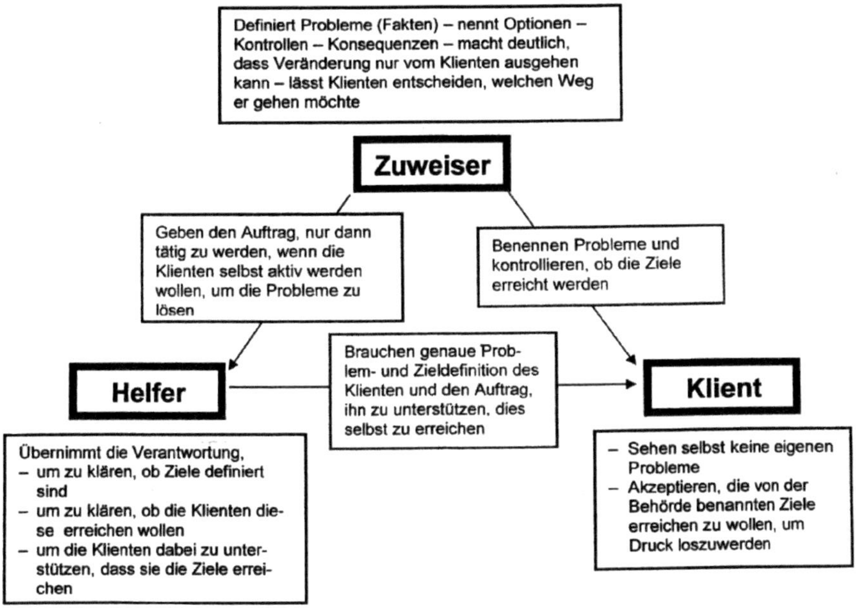

Biene 2008, 27

3.6.2 Der Weg vom Abgabemuster ins Kooperationsmuster

Das Abgabemuster kennzeichnet sich vor allem dadurch aus, dass sowohl die Eltern als auch die bis dato kontaktierten Helfer das Problem beim Kind gesehen haben. Beide Seiten sahen also einen Handlungsbedarf und betrachteten die Eltern als nicht geeignet oder zuständig, eine relevante Veränderung zu bewirken. Beide Seiten trauten dies wiederum den professionellen Helfern zu (vgl. Biene 2008, 31).

Im Abgabemuster wird ebenso wie im Kampfmuster angenommen, dass das Verhalten des Klienten auch hier weniger durch dessen „Persönlichkeitsstruktur" bedingt ist als vielmehr vom Muster selbst. Es wird angenommen, dass durch die Helfer, die die Probleme den Eltern „abnehmen" wollen, die Eltern als Klienten, die „abgeben" wollen, erst entstehen. Das bedeutet, dass auch in diesem Muster der Zustand von professionellen Personen und deren charakteristische Interaktionsformen die auslösenden Faktoren sind, die die Klienten in den Zustand des „Abgebenwollens" bringen. Eine typische Äußerung eines Elternteils im Abgabemuster ist:

> „Mein Sohn ist schwierig, ich kann/will nicht mehr und mein Sohn braucht dringend Hilfe."

Eine typische Interpretation dieses Satzes durch einen Helfer im Abgabemuster wäre auf der individualpsychologischen Ebene:

> „Das Kind ist schwierig, die Eltern sind nicht in der Lage, dem Kind gerecht zu werden, also müssen Fachpersonen die Zuständigkeit für das Kind bzw. die Bearbeitung seiner Probleme übernehmen" (Biene 2008, 33).

Das SIT-Modell geht hierbei davon aus, dass sich beide Akteure in einem Muster verloren haben, in dem beide Personen auf die jeweilige Aktion der anderen Person reagieren. Das Verhalten des Klienten wird also nicht als negatives Persönlichkeitsmerkmal interpretiert, sondern es wird zirkulär hinterfragt. Die zirkuläre Denk- und Verhaltensweise aus Sicht des Klienten und Helfer wird im Folgenden skizziert:

- Der Klient macht den Eindruck, den bestehenden Problemen nicht gewachsen zu sein.
- Der Helfer erkennt dies und übernimmt die Zuständigkeit der Probleme des Kindes.
- Das bestätigt dem Klienten, dass nur das Fachpersonal die Probleme des Kindes lösen kann und zeigt deshalb wenig Interesse, sich weiter damit auseinander zu setzen.
- Dies sieht der Helfer wiederum als Bestätigung, dass seine Annahme richtig ist und der Klient überfordert und unmotiviert ist. Er fühlt sich daher noch mehr gefordert, die Probleme des Kindes selbst zu lösen (vgl. Biene 2008, 33).

Nach dem SIT-Modell gibt es für die Helfer nur zwei Möglichkeiten der weiteren Arbeitsweise, da die Verhaltensweisen zirkulär verbunden sind.

1. Sie kommunizieren weiter im Abgabemuster. Aufgrund der verstärkten abnehmenden Arbeit der Mitarbeiter kommt es zur Bekräftigung der Inaktivität Seitens der Eltern.
2. Sie kommunizieren im Kooperationsmuster. Als unmittelbare Folge ist hier eine verdutzte Reaktion der Klienten zu nennen, welcher jedoch ein Aufwachen aus dem Muster und eine Neuorientierung folgt (vgl. Biene 2008, 34).

Da der nächste angestrebte Schritt das Kooperationsmuster darstellt, ergibt sich eine Fragestellung, die für den Helfer im Mittelpunkt steht: „Kommuniziere ich im Abgabemuster oder im Kooperationsmuster?"

Das bedeutet, dass die Aufmerksamkeit vorrangig auf folgende Gegenstände gerichtet werden muss:

- Der Helfer überprüft seine Rolle und Interaktionsmuster.
- Sie erkennen gegebenenfalls eigene Abgabeanteile in ihrer Arbeit; dies sollte durch die Unterstützung des Teams gewährleistet sein. Im Team

können vor allem Rollenspiele eine große Hilfe dafür sein, dass die jeweiligen Muster erkannt werden und man aus ihnen heraus findet.

- Wenn die Helfer aus der eigenen Abgabemustertrance heraustreten, ist die Vorraussetzung geschaffen, dass die Klienten auch in ein neues Muster eintreten können (vgl. Biene 2008, 34).

Um Eltern, die sich im Abgabemuster befinden, in das Kooperationsmuster einzuladen, sind die Haltung und die Gesprächsführung des Helfers entscheidend. Zunächst ist ein Erfragen der zentralen Probleme sinnvoll. Dies sollte aber nur kurz stattfinden, um zu vermeiden, selbst in die Mustertrance zu geraten. Die Probleme, die angesprochen werden, sollten die direkte Interaktion zwischen den Eltern und dem Kind betreffen, da in Bezug auf diese Probleme am leichtesten einsehbar ist, wie wenig Helfer bewirken können. Wenn ein Eltern-Kind-Problem mit großem emotionalem Nachdruck benannt wurde, ist dieser Schritt beendet (vgl. Biene 2008, 35f.).

Als nächstes folgt das intensive Pacing (vgl. Kap. 3.7.4), bei welchem der Mitarbeiter versucht, sich auf die innere Welt der Klienten einzustellen und mit ihnen „im Gleichschritt zu gehen" (zu „pacen") und alle wichtigen Ereignisse der Familie und die damit verbundenen Gefühle, Hoffnungen und Ängste erfasst. Für die bisher erlebten Erfahrungen der Klienten ist es wichtig, sich viel Zeit zu lassen. Es ist wichtig zu verstehen, wie die Geschichte des Klienten in Bezug auf das Abgeben bisher verlaufen ist. In der Regel findet sich eine typische Reihenfolge wieder. Zunächst fühlen sich Eltern überfordert, sie versuchen jemanden zu finden oder es bietet sich jemand an, der ihnen bei dieser Überforderung hilft. Diese Person vermittelt den Eltern dann häufig das Gefühl, dass sie das Problem lösen könnten. Daraufhin machen sich die Eltern große Hoffnungen. Meist treten zu Anfang auch Erfolge ein. Jedoch tritt das behandelte Problem nach einiger Zeit wieder auf, manchmal sogar stärker als zuvor. Nach einer gescheiterten Hilfe wird dann meist eine neue Hilfe gesucht, die eine neue Lösung für das Problem parat haben könnte (vgl. Biene 2008, 37f.).

Nun wird in hypothetischer Form die Basis dieses Suchens nach Hilfe in Frage gestellt: „Angenommen, nicht Ihr Kind ist schwierig, sondern der bisherige Weg war falsch und es gibt niemanden, der Ihrem Kind beibringen kann, Respekt vor Ihnen zu haben?" Nach diesem Schritt verlangsamt sich meist der Prozess und es findet ein Innehalten statt. Die bisher fast schon automatisch ablaufenden Interpretationen und Handlungsstrategien machen für die Eltern nun keinen Sinn mehr und die Hoffnung geht verloren, eine geeignete Hilfe zu finden; die Eltern befinden sich in einer Krise. Bei diesem Schritt ist es besonders wichtig, intensiv zu pacen, denn allein daraus kann die Basis für eine vertrauensvolle Beziehung entstehen. In keinen Fall sollte man jetzt schon eine Lösung anbieten, denn es braucht Zeit, die bisherigen Muster loszulassen und sich wieder auf etwas Neues einstellen zu können (vgl. Biene 2008, 37).

Als nächstes kann ein Ziel benannt werden, z. B. „das Kind soll Respekt vor den Eltern haben". Daraufhin wird die Möglichkeit eines neuen Weges angedeutet der helfen könnte, dieses Ziel zu erreichen. Die Entscheidung, ob die Eltern diesen Weg überhaupt hören wollen, bleibt ganz allein bei ihnen. Hiermit beginnt der Aufbau des grundlegenden Musters, denn es passiert nur etwas, wenn die Eltern dies wollen. Sie werden als Entscheider angesprochen, wodurch ihre Rolle als Eltern aufgewertet und gestärkt wird. Wenn die Eltern sich dazu entscheiden, sich den neuen Weg erläutern zu lassen, ist es nun wichtig, die Rollenverteilung in der neuen Hilfe prägnant und plastisch zu benennen (vgl. Biene 2008, 37f.).

Der Mitarbeiter könnte z. B. sagen: „Dieser Weg wäre, dass Sie selbst wieder versuchen würden, Ihrem Kind zu vermitteln, dass es auf Sie hört und wieder in die Schule geht." Dieser Vorschlag ruft allerdings meist die Erinnerung an die Erfahrungen des Scheiterns bei den Eltern hervor, so dass hier intensives Pacing erfolgen muss. In diesem Zusammenhang mag der Mitarbeiter sagen: „Was Sie sich verständlicher Weise momentan gar nicht vorstellen können, da Sie ja schon wirklich sehr viel versucht und ausprobiert haben (Keinesfalls: „...weil Ihr Kind ja wirklich so schwierig ist"). Schließlich wird der neue Weg vom Mitarbeiter benannt: „Angenommen, es gäbe doch etwas, was Sie tun könnten, damit Ihr Kind Sie ernst nimmt und Sie wollen das herausfinden, dann könnten wir Sie dabei unterstützen, herauszufinden was Sie tun können." An diesem Punkt des Prozesses ist es meist notwendig, immer wieder intensiv zu pacen und dabei die Entscheidung, ob die Eltern sich für diesen Weg interessieren, ganz bei ihnen zu lassen (vgl. Biene 2008, 38).

Um auch hier wieder aufzuzeigen, wie ein Hilfedreieck im Kooperationsmuster aussehen kann, folgt nun eine Abbildung, in der veränderte Rollen und veränderte Interaktionsabläufe dargestellt sind.

Abb. 2: Das Hilfedreieck – vom Abgabemuster zum Kooperationsmuster

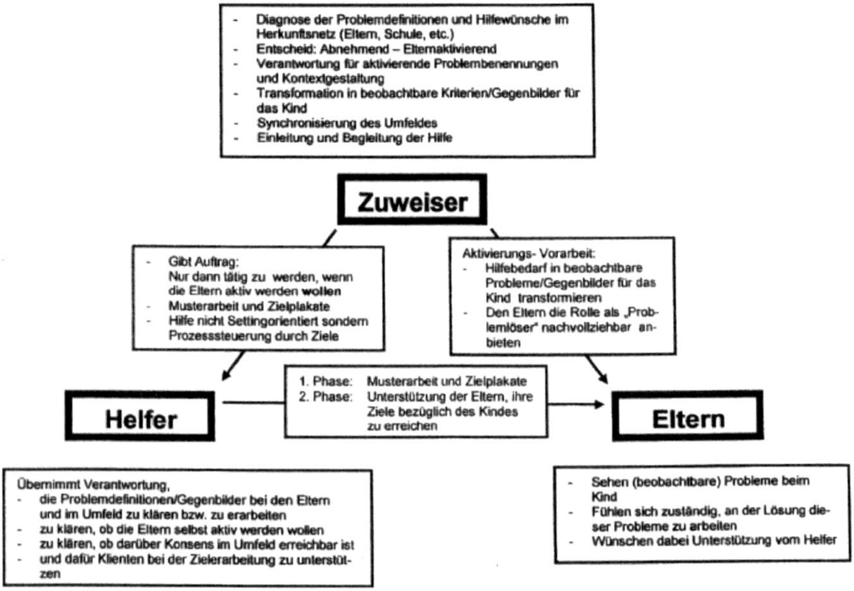

(Biene 2008, 36)

Wenn die Eltern sich dazu entschließen, den Weg mit Unterstützung der Helfer zu gehen, auch wenn sie noch keine genaue Vorstellung davon haben, wie dieser Weg aussehen könnte, kann man davon ausgehen, dass sich die

Eltern im Kooperationsmuster befinden. Wenn dies erreicht wurde, sind die Eltern bereit, Anregungen anzunehmen, sind offen für Ratschläge und suchen nach Unterstützung, ohne ihre eigene Verantwortung aufzugeben.

Es muss jedoch beachtet werden, dass die Musterarbeit einen längeren Prozess bedingt. Es ist wichtig, für den Mitarbeiter die eigene Rolle und Haltung sowie die des Klienten während des gesamten Hilfeprozess immer wieder zu überprüfen, denn es besteht die Gefahr, in alte Muster (Kampf- oder Abgabemuster) zurück zu fallen. Wenn das geschieht, sollte die Arbeit mit der Familie wieder bei der Musterarbeit ansetzen, um wieder bei den Klienten „andocken" zu können. Arbeitet man mit den Eltern, die in ein Muster zurückgefallen sind, im Kooperationsmuster weiter, kann es dazu führen, dass sich die Eltern nicht mehr verstanden fühlen.

3.6.3 Exkurs: Arbeit an den Interaktionsmustern im „Herkunftsnetz"

Annahme ist, dass sich um die Probleme von Kindern herum ein verzwicktes Netzwerk interagierender Systeme entwickelt hat, vergleichbar dem von Goolishian beschriebenen „Problemdeterminierten System". Bei diesem wird die Grundidee der Problementstehung verdeutlicht. Dabei hat ein System nicht das Problem als zu ihm gehörendes Strukturmerkmal, sondern es entwickelt sich vielmehr um ein entstandenes Verhalten oder Thema herum, ein durch die Kommunikation über das Problem charakterisiertes Sozialsystem. Somit erschafft ein Problem ein System. Dieses ist geprägt von innerfamiliären Interaktionen, Interaktionen zwischen Familie und Hilfesystem sowie aus Interaktionen zwischen Angehörigen des Hilfesystems. Dieses Verständnis impliziert, dass Probleme als Folge einer Verkettung von Umständen und nicht als Ausdruck einer inhärenten Dysfunktionalität gesehen werden. Deshalb sind lösungsorientierte Interventionen auf unterschiedlichsten Ebenen möglich, da sich Problemsysteme aus verschiedenen Handlungen, Akteuren und Systemebenen zusammensetzen. Häufig sind Interventionen nicht auf die Generalsanierung des problemauslösenden sozialen Systems nötig, da sich nicht das System selbst ändern muss, sondern die Kommunikation um das Problem herum (vgl. Schlippe; Schweizer 2007, 102ff).

Das SIT-Modell sieht die Interaktionsmuster, die im Herkunftsnetz rund um das Problem bestehen, als entscheidend dafür an, ob die Situation für die Kinder oder der Jugendlichen verbessert werden kann oder nicht. Diese Interaktionsmuster sind für das SIT-Modell der Hintergrund für Entstehung, Aufrechterhaltung und Eskalation von Symptomen der Kinder und Jugendlichen. Die wichtigsten Interaktionsmuster in Herkunftsnetzen sind nach der Systemischen Interaktionstherapie, wie bereits herausgearbeitet, das „Kampfmuster", das „Abgabemuster" und das „Kooperationsmuster" (vgl. Biene 2008, 41).

„In den ersten beiden Mustern werden die Ressourcen im Herkunftsnetz vorwiegend darauf verwendet, nach der Logik dieser Muster zu kommunizieren – im „Kooperationsmuster" hingegen werden die Ressourcen zur gemeinsamen Problemlösung freigesetzt und genutzt. Zum Beispiel treten typische Interaktionen des Kampfmusters wie auch des Abgabemusters oft in den Interaktionsmustern innerhalb der Familien, zwischen Familien und Hilfesystem und zwischen den Angehörigen des Hilfesystems auf. Im *Kampfmuster* sind das vor allem gegenseitige Schuldzuweisungen und die Überzeugung eines jeden, selbst alles „richtig" zu machen. Das *Abgabemuster* ist gekennzeichnet durch die Abgabe der Zuständigkeit für die Probleme des Kindes an immer neue Experten" (Biene 2008, 41).

Weiterhin wird angenommen, dass die Muster in den jeweiligen Interaktionen eine starke stabilisierende bzw. veränderte Wirkung in diesen Herkunftsnetzen haben. Das bedeutet einerseits, dass das „problemdeterminierte System" bzw. das Herkunftsnetz auf das Muster reagiert, in dem interagiert wird, andererseits reagiert es auf die kommunizierten Inhalte. Das heißt, die Interaktionsmuster, in denen die Helfer kommunizieren, sind ein hoch veränderungsrelevanter Faktor, denn wenn z.B. in einem Herkunftsnetz, in dem vor allem auf der

Kampfebene interagiert wird, mehr und mehr Interaktionen auf der Stufe des Kooperationsmusters stattfinden, könnte damit eine langsam ausstrahlende Umgestaltung der Interaktionsstrukturen entstehen. Eine weitere Annahme ist daraufhin, dass die veränderten kooperativen Muster viele Ressourcen aller beteiligten Personen freilegen und somit die Probleme der Kinder bzw. Jugendlichen leicht lösbar sind. Deshalb wird im SIT-Modell dafür plädiert, auf die eigenen Interaktionsmuster zu achten und an ihnen zu arbeiten, anstatt sich zu sehr auf die bloßen Inhalte der Kommunikation zu fokussieren (vgl. Biene 2008, 41).

Zu dem Zeitpunkt, wenn alle Beteiligten im Kooperationsmuster sind, kann mit der Problemtrancearbeit begonnen werden, die im Folgenden ausführlich beschrieben wird.

3.7 Die zweite Phase: Problemtrancearbeit

3.7.1 Trance – Bedeutung und Folgerungen für die Arbeit mit Trancezuständen

Mit „Trance" meint das SIT-Modell ein Alltagsphänomen, d. h. der Zustand der Trance wird nicht als ein außergewöhnlicher Bewusstseinszustand angesehen, sondern als der alltägliche Normalzustand. Die Menschen befinden sich also permanent in tranceähnlichen Zuständen. Mit Problemtrancen meint das SIT-Modell die inneren Denk- und Erlebensweisen, die in Bezug auf das Kind oder auf sich selbst dazu führen, dass Lösungen kaum mehr erkennbar sind. Ausgelöst werden diese Problemtrancen durch bestimmte Ereignisse in der Außenwelt (z. B. dadurch, dass ein Kind sagt: „Ich räume mein Zimmer nicht auf."). Diesen Ereignissen werden von den Eltern äußerst schnell, fast schon automatisch ablaufende, innere Bedeutungen gegeben (z. B. „Mein Kind will nicht aufräumen." oder „Es ist nicht in der Lage dazu."). Dem Kind wird unterbewusst unterstellt, es sei böse, weil es sein Zimmer nicht aufräumt oder es sei gestört, weil es nicht in der Lage ist, das Zimmer aufzuräumen.

Da der Prozess der Bedeutungszuschreibung nicht bewusst ist, wird die angenommene Erklärung als Realität angesehen und nicht hinterfragt (vgl. Biene 2008, 43).

Dies führt zu einem kognitiven, emotionalen und physiologischen Gesamtzustand (Trance), der mit dem inneren Bild der Realität verbunden wird und so entstehen die subjektiv erlebten Handlungsspielräume in einer Situation und damit auch die tatsächlich ausgeführten Handlungen z. B. dem Kind zu sagen, „Du bist einfach nur zu faul" oder „Du kannst das ja auch nicht". Die aus der Problemtrance entstehenden Handlungen führen zu dem Resultat, dass das Problem aufrechterhalten wird; z. B. kann Ärger zu einer Verweigerung des Kindes, Schonung zu einer Passivität des Kindes führen. Beides könnte dazu führen, dass das Kind sein Zimmer weiterhin nicht aufräumt (vgl. Biene 2008, 43).

Bei der Arbeit mit „Trancezuständen" gibt es bestimmte Punkte, die beachtet werden sollten. Der Hilfeprozess beginnt häufig mit Fragen nach den angestrebten Zielen einer Familie. Das SIT-Modell nimmt jedoch an, dass Ziele nur dann benannt werden können, wenn die Familie diese Ziele auch denken kann bzw. positive Bilder für die Zukunft vorstellbar sind. Jedoch genau dazu ist ein Mensch, der sich in der Problemtrance befindet, nicht fähig. Wenn die Klienten also nicht in der Lage sind Ziele zu benennen, wird dies nicht als Persönlichkeitsmerkmal angesehen, sondern als Ausdruck eines bestimmten Zustands. Die Grundlage des praktischen Vorgehens in einer Problemtrance ist es also, den Klienten so zu unterstützen, dass er den Trancezustand und demnach die Art, wie das Problem gedacht und gefühlt wird, ändert (vgl. Biene 2008, 44).

Diese Änderung kann vor allem durch eine bestimmte Gesprächsführung von Helfern erreicht werden. Die Helfer laden dazu ein, Probleme auf eine Art und Weise zu denken, dass wieder positive Bilder vorstellbar werden. Wichtig ist daher, dass die Helfer über Ressourcen verfügen, die es ihnen ermöglichen, sich von einer Problemtrance abzugrenzen, und dass sie die Fähigkeit besitzen, Bilder aus einer Problemtrance der Klienten in eine Lösungstrance zu transformieren. Diese Bilder werden den Klienten auf eine Weise angeboten, die sie als anregend und relevant empfinden. Wichtig für die Helfer ist, sich nicht durch lange Problembeschreibungen seitens der Klienten „anstecken" zu lassen und somit selbst in die Problemtrance zu geraten. Dann nämlich könnten auch sie keine Lösungen mehr sehen. Außerdem ist es von Bedeutung, den Klienten, die sich in einer Problemtrance befinden, keine Lösungsvorschläge zu geben, die an deren innerlichen Erleben abprallen. Wenn z. B. das Kind als „unveränderbar" erlebt wird, wird dieses innere Bild immer wieder dazu führen, dass jeder Vorschlag einer Veränderbarkeit als „unrealistisch" erscheint und entsprechend abgelehnt oder nur halbherzig probiert wird und somit nicht zielführend ist (vgl. Biene 2008, 44).

Nachfolgende Herangehensweisen würden bei der Problemtrancearbeit sinnvoll sein:

- den „Trancezustand" als einen schnell veränderbaren Zustand anzusehen
- die Problemschilderung der Klienten zwar nicht für die Realität zu halten, sie aber gleichwohl als subjektive Realität ernst zu nehmen
- genau zu verstehen, durch welche inneren Bilder oder Gedanken sich Klienten in eine Problemtrance bringen und an diese Bilder oder Gedanken angekoppelt alternative Formen anstelle der Problemkonstruktion anzubieten
- an die Trance angekoppelte Gegenbilder zu entwickeln und anzubieten
- den Klienten nicht die Probleme auszureden, sondern ihnen anzubieten, so über das Problem zu denken, dass wieder Lösungen vorstellbar sind (vgl. Biene 2008, 45).

3.7.2 Unterschied zwischen Mustertrancen und Problemtrancen

Die Problemtrance ist im SIT-Modell eine Form des Denkens bzw. Fühlens, aus der kaum oder gar keine lösungsorientierten Handlungen mehr gefunden werden können. Die Mustertrance steht zu Beginn eines Hilfeprozesses meist im Vordergrund. Ein großer Teil der Aufmerksamkeit richtet sich bei der Mustertrance auf die professionellen Helfer und weniger auf die Lösung der bestehenden Probleme, wodurch es bei den Klienten zu einer einschränkenden Wirkung in der Mustertrance kommt. Im Kampfmuster konzentriert sich die Aufmerksamkeit in erster Linie darauf, die als übergriffig erlebten Helfer loszuwerden. Im Abgabemuster versuchen die Eltern nicht selbst die Probleme zu lösen, sondern suchen nach Helfern, die diese Probleme lösen sollen. Auf diese Weise machen sich die Eltern inaktiv. Das bedeutet, solange das Erleben der Eltern durch die Mustertrance bestimmt wird, sind die Eltern innerlich noch nicht in der Lage, wirklich an den Problemen oder an den Problemen des Kindes zu arbeiten. Deshalb ist es erforderlich, über die Musterarbeit erst wieder das Hauptaugenmerk auf die eigenen Probleme zu erarbeiten (vgl. Biene 2008, 45f.).

Nach der Mustertrance ist die Problemtrance das nächste Hindernis für eine Veränderung. Der Unterschied zur Mustertrance ist hier, dass die professionellen Helfer im Erleben der Problemtrance nur eine geringe oder keine Rolle spielen, in der Mustertrance sind sie die „Hauptakteure". Das Denken bzw. Erleben fokussiert sich auf die wirklichen Probleme beim Kind oder in der Familie. Die Arbeit mit Problemtrancen besteht kurz gesagt darin, herauszufinden, welche einschränkenden Gedanken Bilder dominieren und mittels bestimmter Gesprächsführungstechniken, Denkweisen, Bilder und Begriffe anzubieten, die aus der Trance zu lösungsorientierten Denkweisen führen (vgl. Biene 2008, 46).

3.7.3 Satzdiagnostik und Klärungsfragen im SIT-Modell

Die Diagnostik im SIT-Modell ist ein kontinuierlicher Prozess. Jeder Satz in einem Gespräch wird dahingehend diagnostiziert, in welcher „Trancestufe" sich die Klienten befinden. Erst wenn deutlich ist, an welchem „inneren Ort" die Klienten sind, können Gesprächsinhalte angeboten werden, die sie genau an diesem Ort abholen und zu lösungsorientiertem Denken einladen. Zu Beginn eines Hilfeprozesses ist es besonders wichtig, zwischen Mustertrancen und Problemtrancen zu differenzieren. Falls in einem Gespräch einzelne Aussagen nicht direkt einzuordnen sind, wird empfohlen, Klärungsfragen zu stellen, um herauszufinden in welchen „Trancezustand" sich der Klient befindet (vgl. Biene 2008, 46).

Klärungsfragen im Kampfmuster

Das Kampfmuster ist dadurch gekennzeichnet, dass innerhalb der Familie kein Problem gesehen wird und somit auch kein Veränderungsbedarf besteht. Es gibt daher auch keinen Auftrag für eine Hilfe oder für das gegenwärtige Gespräch. Während in gängigen Vorgehensweisen diesem Thema keine Beachtung geschenkt wird, ist das SIT-Modell so gekennzeichnet, dass dies sofort wahrgenommen und angesprochen wird (vgl. Biene 2008, 46). Mögliche Klärungsfragen im Kampfmuster sind:

- „Heißt dies, Sie sehen weder bei Ihrem Kind noch bei sich selbst ein Problem?"
- „Das bedeutet, aus Ihrer Sicht sollten sich eher Schule bzw. Behörde anders verhalten und nicht Ihr Kind oder Sie?"
- „Unter diesen Umständen brauchen Sie aus ihrer Sicht wahrscheinlich auch keine Hilfe, möglicherweise halten Sie auch das Gespräch, das wir gerade führen, für nicht sinnvoll?" (Biene 2008, 46).

Klärungsfragen im Abgabemuster:

Das Abgabemuster ist dadurch gekennzeichnet, dass ernsthafte Probleme beim Kind gesehen werden. Es gibt einen starken Veränderungsbedarf und für diese Veränderung halten sich die Eltern nicht selbst für zuständig, sondern die professionellen Kräfte. Auch im Abgabemuster wird dieses Thema in keinem Fall übergangen, sondern sofort angesprochen (vgl. Biene 2008, 47). Mögliche Klärungsfragen im Abgabemuster sind:

- „Heißt das, aus Ihrer Sicht brauchen Sie dringend Unterstützung?"
- „Und aus Ihrer Sicht wären dafür die professionellen Fachkräfte und nicht Sie selbst diejenigen, die diese Unterstützung geben sollen oder können?"
- „Das bedeutet, Sie wünschen sich, dass ich weniger mit Ihnen spreche und mehr mit Ihrem Kind arbeite?" (Biene 2008, 47).

Wenn die Klärungsfragen im Kampfmuster oder im Abgabemuster mit „Ja" beantwortet werden, kann man davon ausgehen, dass sich die Eltern noch in der Mustertrance befinden und deshalb können die Probleme der Familie noch nicht bearbeitet werden (vgl. Biene 2008, 47). In diesem Fall wäre die Musterarbeit (vgl. Kap. 3.6) der angemessene Arbeitsschritt.

3.7.4 Pacing und Leading im SIT-Modell

Die Begriffe Pacing und Leading stammen aus der Hypnosetherapie und haben im SIT-Modell eine große Bedeutung, da sie im gesamten Prozess verwendet werden können und in jedem Arbeitsschritt eine sehr sinnvolle Methode darstellen.

„Mit Pacing ist gemeint, sich auf die innere Welt der Klienten einzustellen und innerlich mit ihnen im Gleichschritt zu gehen (pacen)" (Biene 2008, 52).

Für eine vertrauensvolle Beziehung und um Veränderung schaffen zu können, ist es notwendig, sich auf das innere Erleben der Klienten einzustellen und sie wirklich zu verstehen.

„Leading lässt sich mit dem deutschen Wort „leiten" übersetzen, ist jedoch in diesem Zusammenhang besser mit dem Wort „einladen" zu definieren" (Biene 2008, 52).

Leading bedeutet, dass nach der Phase des Verstehens und der Einstellung auf die innere Welt, den Klienten Angebote gemacht werden, alternative, bereichernde und mehr in Richtung einer Lösung führende Sichtweisen anzunehmen (vgl. Biene 2008, 52).

3.7.5 Basisformen von Pacing und Leading

Die Einstreu-Techniken
Alternative Sichtweisen und Umdeutungen erfolgen dabei nicht nur an einer bestimmten Stelle eines Gesprächs, sondern kontinuierlich, d. h. in jedem Satz werden mehrere alternative Sichtweisen in das Gespräch eingestreut. Es werden also andauernd lösungsorientierte Sichtweisen auf der Ebene der Mikrointeraktion angeboten. Diese Vorgehensweise stößt meist auf weniger Protest, da sie nicht so sehr belehrend wirkt. Sie kann besser in die Gestaltung der Denkprozesse von Klienten eingegliedert werden (vgl. Biene 2008, 52).

Persönliche Relativierung
Im Erleben der Problemtrance wird die „subjektive Realität" mit der „wirklichen Realität" gleichgesetzt. Das SIT-Modell geht jedoch davon aus, dass die subjektive Wahrnehmung aus der Problemtrance heraus meist erheblich schlimmer und einschränkender ist als die Realität selbst. Deshalb wird in einem Rollenspiel jede Äußerung von Klienten mit persönlichen Relativierungen paraphrasiert: „Habe ich richtig verstanden,

- Sie erleben es so, dass ...
- aus Ihrer Sicht ist es so, dass ...
- Sie haben den Eindruck, dass ...
- Sie empfinden es so, dass ..." (Biene 2008, 53).

Zeitliche Relativierung

Die Annahme, dass die Probleme schon immer bestehen und somit unveränderbar sind, wird hier behutsam relativiert. Dies kann sehr gut mit einer persönlichen Relativierung erfolgen: „Sie aus Ihrer Sicht erleben es

- im Moment ...
- zurzeit ...
- seit einiger Zeit ...
- überwiegend ..." (Biene 2008, 53).

Abschwächung von Begriffen

In der Problemtrance sind oft abstrahierende, negative Persönlichkeitsbeschreibungen enthalten. Die Begriffe, besonders die, die bei einer negativen Persönlichkeitsbeschreibung verwendet werden, sollten möglichst nicht ohne Relativierung übernommen werden, da sie sonst die Problemtrance stabilisieren können. Meist ist es möglich, anfangs abschwächende, dann neutrale, und schließlich positive Begriffe einzuführen, z. B. kann der Begriff „Lügner" umgewandelt werden in:

„Sie hatten den Eindruck, er sagte Ihnen in dieser Situation nicht die Wahrheit" – „er erzählte seine Sichtweise" – „ er versuchte etwas zu sagen, damit Sie nicht wütend werden" (Biene 2008, 53f.).

Umdeutung: Veränderungsnotwendigkeit statt Unlösbarkeit

In der Problemtrance wird häufig eine typische Verknüpfung vorgenommen. Die Probleme werden als sehr intensiv und zahlreich beschrieben und damit wird dann die Annahme verknüpft, dass mit zunehmender Intensität und/ oder Menge der Probleme auch die Unlösbarkeit zunimmt. Mit folgendem Beispiel einer Umdeutung können die gleichen Gegebenheiten in eine andere, aktivierende Schlussfolgerung umgewandelt werden:

„Das heißt, die Probleme sind zurzeit für Sie so zahlreich und heftig, dass es so nicht weitergehen kann, dass sich schnell etwas ändern müsste?" Dieses

Leading stimmt oft mit dem Erleben überein, kann deshalb gut aufgenommen werden und eine positivere Stimmung erzeugen (vgl. Biene 2008, 54).

3.7.6 Stufen von Problemtrancen

Wie auch bei der Musterarbeit verschiedene Mustertrancen (vgl. Kap. 3.7.2) unterschieden werden, werden in der Arbeit mit Problemtrancen verschiedene Stufen von Problemtrancen unterschieden. Die fünf Trancestufen stellen dabei eine Art Treppe dar und ermöglichen eine Einordnung in welcher „Trancetiefe" sich die Klienten befinden. Die wichtigsten Interventionen sind hier das Pacing und Leading (vgl. Biene 2008, 49).

1. Stufe: Generalisierte Problemtrance
„Verschiedene gravierende Problembereiche werden assoziativ so verknüpft, dass eine Fokussierung kaum gelingt. Das heißt der Person gelingt es nicht, den Fokus auf einen einzigen Problembereich zu legen. Wichtig ist es hier, den Fokus wieder auf einen Problembereich zu richten und dort zu halten" (Biene 2008, 50).

Im Erleben der Eltern gibt es so viele und dazu eng miteinander verknüpfte Probleme, dass sobald sie von einem Problem berichten, sie schnell zur Schilderung eines zweiten, dritten und weiteren Problems übergehen.
Typische Äußerungen in der generalisierten Problemtrance:

* „Mir ist das alles zuviel und alles ist schlimm."
* „Ich weiß überhaupt nicht weiter." (Biene 2008, 50).

Solange die Probleme auf diese Weise benannt werden, ist es schwer, sich lösungsorientiertes Handeln vorzustellen. Daher sollten die Problembeschreibungen allmählich konkretisiert werden. Wichtig ist aber zunächst, Verständnis zu signalisieren, also zu pacen. Beim Pacing geht es auch darum, zu verstehen, dass die Menge der Probleme, die Intensität der Probleme und die Verknüpfung zwischen den Problemen seitens der Eltern erlebt werden und eine tiefe Problemtrance bewirken. Dabei können bereits kleine Einschränkungen der Generalisierung eingebaut werden. Nachfolgend wird zum besseren Verständnis kurz aufgezeigt, wie ein möglicher Weg zur Bewältigung der generalisierten Problemtrance ablaufen könnte.

Pacing-Möglichkeiten:
- *„Es ist gerade sehr viel für Sie!"* (zeitliche Einschränkung)

Mögliche Antwort:
- *„Ja es ist furchtbar."*

Pacing Beispiel:
- *„So unangenehm, dass schwer zu sagen ist, was momentan am Schwierigsten ist?"* („furchtbar" wird beim pacen z. B. in „unangenehm" umgewandelt.)

Mögliche Antwort:
- *„Ja."*

Leading Beispiel:
- *„Ist es mehr die Schulsituation oder sind es mehr andere Sachen, die Ihnen momentan Sorgen machen?"*
(Pacen: „Sorgen machen", Leading: zeitliche Einschränkung, Konkretisierung: „Schulsituation oder andere Sachen")

Mögliche Antwort:
- *„Es ist schon die Schule."*

Hier wurde nun eine Ja-Haltung und eine Einladung zu unbewertender Beschreibung angenommen und die Konkretisierung des eigentlichen Problems hat stattgefunden (vgl. Biene 2008, 54f.).

2. Stufe: Negative Persönlichkeitsbeschreibung bzw. Erklärungsmodelle
„Statt konkreter Probleme werden die vermuteten Erklärungen für diese Probleme (Verben) geschildert und/oder es wird von einer negativen Persönlichkeit gesprochen". Typische Äußerungen sind hier:
a.   „Mein Sohn ist schwer gestört."
b.   „Mein Sohn ist ein Schläger."
c.   „Er ist wie sein Vater." (Biene 2008, 54).

Diese Art der Problembeschreibung beinhaltet ein sehr großes Problemtrance-Potential, denn die Formulierungen beinhalten, dass eine Veränderung nicht möglich ist. Da keine beobachtbaren Merkmale dieser Annahme (z. B. „Mein Sohn ist schwer gestört.") formuliert werden und sie daher auch nicht in dieser Form überprüfbar oder gar widerlegbar sind, wird versucht, wieder auf die Ebene beobachtbaren Verhaltens zu gelangen. Es geht also darum, den Bewertungsprozess, der zu diesen inneren Bildern führte, wieder rückgängig zu machen, wieder auf die beobachtbaren Ereignisse zurückzukommen, aus denen diese Rückschlüsse gezogen wurden. Da diese Äußerungen aber als Realität erlebt werden, ist auch hier wieder intensives Pacing erforderlich (vgl. Biene 2008, 54).

3. Stufe: Generalisiertes negatives Verhalten:
Das Verhalten des Kindes wird als negativ und dauerhaft beschrieben, z. B. „Er schlägt immer zu." Hier wird versucht, konkrete Situationen ohne Bewertung quantitativ zu beschreiben (vgl. Biene 2008, 50).

4. Stufe: Neutrale Verhaltensbeschreibung:
In dieser Stufe wird vorwiegend das Problem beschrieben. Außerdem wird versucht herauszufinden, wie sich das Problem konkret äußert,

z. B. „In welchen Situationen schlägt er zu, was ist der Auslöser und wie oft kommt das vor?" Diese Fragen werden neutral gestellt (vgl. Biene 2008, 50).

5. Stufe: Positives Gegenbild:
Es werden positive Gegenbilder formuliert, in denen das Kind genau das positive Gegenteil von dem tut, was für die Eltern problematisch erscheint. Beim positiven Gegenbild ist eventuell nur das Kind im Lösungsraum bzw. wird nur das kindliche Verhalten verändert. Der Lösungsraum wird dann um die Eltern erweitert und so entstehen Reaktionen und Verhalten, welche dem Kind die Veränderung ermöglichen. Durch Rollenspiele (vgl. Kap. 3.8.3) bekommen die Eltern Eindrücke und Ideen dafür, warum sich das Kind so und nicht anders verhält und was sie verändern können, um auch das Verhalten des Kindes zu verändern (vgl. Biene 2008, 50).

Wichtig bei der Problemtrance-Arbeit ist es, die Stufen intensiv zu begleiten und erst ein positives Gegenbild zu formulieren, wenn wirklich alle Stufen abgearbeitet sind. Die positiven Verhaltensweisen widersprechen der Grundstimmung der Problemtrance und sind für die Klienten kaum denkbar, solange sie sich in einer starken Trance befinden. In der Praxis können so intensive Zustände der Problemtrance auftreten, dass die bisher beschriebenen Schritte nicht genügen. Für diese Situationen gibt es mehrere methodische Möglichkeiten, die hier aber nur kurz erwähnt werden: z. B. „Hypnotalk", Emotions-Pacing und -Leading, arbeiten mit „Raum-Ankern", Zustandsfeedback, Musterunterbrechungskontrakte und das „Einstreuen von Gegenbildern" (vgl. Biene 2008, 57f.).

3.7.7 Das Zielplakat

Eine weitere Methode in der Arbeit mit Problemtrancen ist die Arbeit mit Zielplakaten. Sie dienen als „energieliefernde" Grundlage des gesamten Hilfeprozesses. Die Anfertigung eines Zielplakates erfordert sehr viel Mühe aller Beteiligten. Die aktivierende Wirkung dieser Zielplakate kommt einerseits durch eine inhaltliche und andererseits durch eine formelle Ebene zustande. Bei der inhaltlichen Ebene werden die Schlüsselreize, die eine Problemtrance auslösen können, in Gegenbilder umgewandelt. Die in der Problemtrance kaum fassbaren Gegenbilder bewirken den so genannten Aktivitätszustand und haben einen stimmungsaufhellenden Effekt, der zu dem Verlangen führt, diese Gegenbilder Realität werden zu lassen. Bei der formellen Ebene befinden sich auf der einen Seite die generalisierten positiven Gegenbilder, die den Gesamt-Zielzustand beschreiben (also das, was verändert werden müsste), auf der anderen Seite finden sich zu jedem generalisierten Ziel konkrete positive Verhaltensbeschreibungen, um diese Ziele in Bildern zu „verankern". Um ein Zielplakat erstellen zu können, ist es notwendig alle vier Stufen der Problemtrancearbeit umgesetzt zu haben (vgl. Biene 2008, 58).

3.8 Dritte Phase des SIT-Prozesses: Interaktionsinterventionen

3.8.1 Entstehungshintergrund und Ebenen des dritten Prozessteils

In der systemischen Familientherapie lassen sich verschiedene Ansätze des theoretischen Hintergrundes, u. a. die strukturelle Familientherapie, Ideen zu Grundordnungen in Systemen nach Bert Hellinger und lösungsorientierte, konstruktivistische und narrative Ansätze finden. Daneben werden weiterhin kommunikationstheoretische Prinzipien, lösungsorientierte Kurztherapieansätze, sowie Elemente aus der Verhaltenstherapie, der Hypnosetherapie und der NLP verwendet (vgl. Biene 2008, 62).

Trotz dieser Vielzahl an theoretischen Modellen und darauf bestehenden Arbeitsweisen erwies es sich als schwierig, in dem problemreichen Kontext der Jugendhilfe wirkliche Fortschritte zu erzielen. In diesen Situationen wurden oftmals weitgehende Veränderungen der Arbeitsform ausprobiert. Die Veränderungen in Bezug auf Haltung und Methodik waren anfangs sehr chaotisch. Doch aus dem daraus entstandenen Prozess entwickelten sich immer mehr ertragreiche Erkenntnisse und Vorgehensweisen. Die hier vorgeschlagenen Grundannahmen und Vorgehensweisen wurden aus der praktischen Erfahrung in diversen ambulanten und stationären Bereichen der Jugendhilfe extrahiert und sind als Orientierungshilfe zu verstehen (vgl. Biene 2008, 62).

Der dritte Prozessteil des SIT-Modells lässt sich in folgenden Ebenen beschreiben, wobei angemerkt sei, dass der Kenntnisstand mit der Anwendung des Modells kontinuierlich zunimmt, so dass die Ebenen lediglich eine Ideensammlung darstellen, die es weiter zu optimieren gilt.

1. Grundannahmen – „Spinnennetz-Modell"
2. Strukturierte Arbeitsschritte – Ein Ablauf-Schema für Rollenspiele
3. Wie können Vorschläge für „Lösungsinteraktionen" in Familien entwickelt werden?

3.8.2 Grundannahmen – „Spinnennetz-Modell"

Das Verhalten von Kindern und Jugendlichen ist durch die Dynamik des Herkunfts-Beziehungsnetzes bedingt und wird weitestgehend aus diesem Kraftfeld bestimmt. Die Annahme ist, dass jedes Kind in einem Kraftfeld (Herkunftsnetz) lebt und dieses sowohl die innerfamiliären Beziehungen, als auch die Beziehungen zwischen dem sozialen Umfeld umfasst. Da die Familie meist einen stärkeren Einfluss auf die Kinder hat als professionelle Helfer (vgl. Kap. 2.5), geht das SIT-Modell davon aus, dass die Einflussmöglichkeiten professioneller Hilfen im Vergleich zu Veränderungsmöglichkeiten der Eltern relativ wirkungsschwach sind. Die größte Bedeutung hat daher die innerfamiliäre Interaktion und Beziehung zwischen Eltern und Kindern. In der inneren Welt des Kindes haben familienfremde Personen eine sehr viel geringere Bedeutung als die Eltern und daher wird an den Veränderungsbestrebungen im Familiensystem angesetzt (vgl. Biene 2008, 63).

Eine weitere Annahme bezieht sich auf die Beziehungsstrukturen in der Familie und der Fokus orientiert sich auf die alltäglich ablaufenden, beobachtbaren Interaktionsmuster in der Gegenwart. Um die Dynamik des Herkunftssystems zu verstehen, ist es nicht notwendig, den Blick auf die Vergangenheit zu richten, da dies die Möglichkeiten einer positiven Veränderung durch geschilderte, einschränkende Vereinfachungen stark behindert (vgl. Biene 2008, 63f.).

Da die Interaktionen so vielfältig sind, wird nicht versucht, alle für das System typischen Interaktionen zu erfassen. Vielmehr wird der Fokus auf die beobachtbaren Interaktionsmuster gelegt, die sich in einem Herkunftsnetz um das Problem herum ereignen. Folgende Abbildung veranschaulicht das Erklärungsmodell. Im Mittelpunkt des Netzes steht das symptomatische Verhalten des Kindes. Folgt man den Grundannahmen, stellen die innerfamiliären Interaktionen ein Netz dar, das dieses Verhalten stabilisiert (vgl. Biene 2008, 64).

Abb. 3: Das „Spinnennetz-Modell"

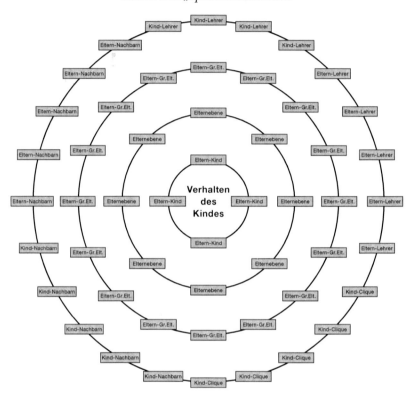

(Biene 2008, 65)

Der innere Ring kennzeichnet die besonders relevanten Interaktionen zwischen Eltern und Kind. Als nächstbedeutsame Ebene ist die Paarkommunikation zwischen Eltern (zweiter Ring), sowie die Interaktionen zwischen Eltern und Großeltern (dritter Ring) dargestellt. Mit den zu bearbeitenden Problemen stehen häufig auch die Interaktionen von Familienmitgliedern und dem außerfamiliären Umfeld im Zusammenhang. Daher sind im vierten Ring Interaktionen zwischen Kind und Lehrern, Eltern und Lehrern und zwischen dem Kind und Angehörigen seiner Peer-group dargestellt. Nach diesem Modell ist das Verhalten des Kindes rekursiv mit allen Interaktionen verbunden. Das heißt, dass das Kind nicht nur auf sein Umfeld reagiert, sondern vielmehr auch durch sein Interaktionsverhalten die Verhaltensmuster der Beteiligten mitgestaltet. Die Bedeutungshierarchien können sich in Abhängigkeit des betrachteten Verhaltens verändern und variieren in Abhängigkeit, je nachdem wie die Konstellationen in dem Herkunftssystem sind (vgl. Biene 2008, 64f.).

Nicht selten ist zu beobachten, dass Veränderungen, etwa am erzieherischen Verhalten der Eltern, scheitern. Im SIT-Modell wird jedoch der Blick nicht in die Tiefe der Beziehungsdynamik oder in die Vergangenheit gelegt, sondern vielmehr versucht, die Mikrointeraktionen, die alltäglich ablaufen, besser zu verstehen und nach Verbesserungen zu suchen. Dieser Fokus schützt Helfer und Familie vor zu komplexen Verursacherhypothesen, die das Problem stabilisieren und naheliegende, einfache Lösungen nicht in Betracht ziehen (vgl. Biene 2008, 65).

3.8.3 Strukturierte Arbeitsschritte – ein Ablaufschema für Rollenspiele

Vorangegangen sind die Überlegungen welche Ebenen den Entstehungshintergrund für symptomatisches Verhalten von Kindern darstellen. Im Folgenden sollen Möglichkeiten aufgezeigt werden, wie mit diesem Modell praktisch gearbeitet werden kann und wie sich daraus eine strukturierte methodische Vorgehensweise ableiten lässt (vgl. Biene 2008, 66).

Nach dem Spinnenetz-Modell werden Situationen ermittelt, im SIT-Modell auch als „Hot-Spots" bezeichnet, die sich um das Verhalten zwischen Eltern und Kind ereignen. Im Verlauf der Zusammenarbeit werden diese Situationen geändert, um somit die symptomatischen Verhaltensweisen des Kindes auszuschließen. Das Sondieren der „Hot-Spots" trägt dazu bei, die problemauslösenden Merkmale herauszufiltern und alternative Vorgehensweisen im Rollenspiel zu erarbeiten. Dieses Vorgehen zeigt auf, was mit Musterdiagnostik statt Lehrbuchpädagogik gemeint ist. Es gibt keine vom Kontext unabhängige, richtige Pädagogik. Vielmehr wird angenommen, dass das erzieherische Verhalten, welches sich rund um symptomatisches Verhalten abspielt, der auslösende Faktor ist. Die unterschiedliche Einbettung der Interaktionsabläufe und damit der Unterschied in den interaktionellen Rahmenbedingungen führen bei sonst gleichem pädagogischen Verhalten zu unterschiedlichen Wirkungen. Das methodische Vorgehen beim SIT-Modell verfolgt daher eine Prozessorientierung und keine pädagogisch als richtig angesehene Erziehungsmethode (vgl. Biene 2008, 66f.).

Eltern strahlen im alltäglichen Muster immer wieder Signale (Schlüsselreize) aus, die bei den Kindern zu symptomatischen Verhalten führen. Somit erzeugen die Eltern eine Art von „Symptom-Trance", paradoxerweise genau mit dem Verhalten, mit dem die Eltern beabsichtigen, das Kind positiv zu beeinflussen. Es gilt herauszufinden, was genau am Verhalten der Eltern dazu führt, dass das Kind sich symptomatisch verhält. Allgemeine Erziehungsvorschläge sind viel zu unspezifisch, so dass es der Kenntnis der Muster bedarf, in denen das Problem erzeugt wird. Die Verhaltensänderung beim Kind kann nur durch signifikante Änderung der Muster erfolgen, die zuvor herausgearbeitet werden müssen. Für so eine Musterdiagnose stellen strukturierte Rollenspiele ein geeignetes methodisches Hilfsmittel dar. Für eine fundierte Diagnostik ist es demnach hilfreich, dass die Berater mit den Eltern die „Hot-Spot-Situationen" nachspielen. Der diagnostische Gewinn ergibt sich aus der Tatsache, dass die Berater in der Rolle des Kindes eindrücklich merken, welche Verhaltensweisen der Eltern zu den problematischen Verhaltensweisen der Kinder führen (vgl. Biene 2008, 67).

So wird im Rollenspiel (vgl. Abb. 4) nicht durch theoretische Überlegungen, sondern vielmehr durch eigenes Erfahren erkannt, welche Verhaltensweisen der Eltern zu den Problemen des Kindes führen. In Folge dessen können die Schlüsselreize verändert werden. In einem zweiten Durchgang der Rollenspiele übernehmen die Eltern die Rolle des Kindes, so dass sie die Veränderungen nicht nur auf verbaler Ebene spüren, sondern merken, wie ein verändertes erzieherisches Verhalten aussehen könnte und wie sich dies aus der Perspektive des Kindes anfühlt. Aus dem daraus entstehenden co-kreativen Prozess unter

Rückmeldungen der Eltern entstehen die neuen Interaktionsmuster, die dazu führen, dass sich die symptomatischen Verhaltensweisen der Kinder allmählich abbauen. Es steht also weniger die Vermittlung von Pädagogik, sondern ein strukturierter Prozess im Vordergrund, der hilft:

- musterdiagnostische Informationen zu erhalten
- diese Informationen in die Gestaltung von Lösungsvorschlägen einfließen zu lassen
- die Lösungsvorschläge zu spielen und fühlen zu lassen, anstatt sie verbal zu äußern
- und ein sich daraus entwickelter co-kreativer Prozess, in dem die für die Familie passenden Lösungsmöglichkeiten entwickelt werden (vgl. Biene 2008, 67f.).

Abb. 4: Ablauf von Rollenspielen

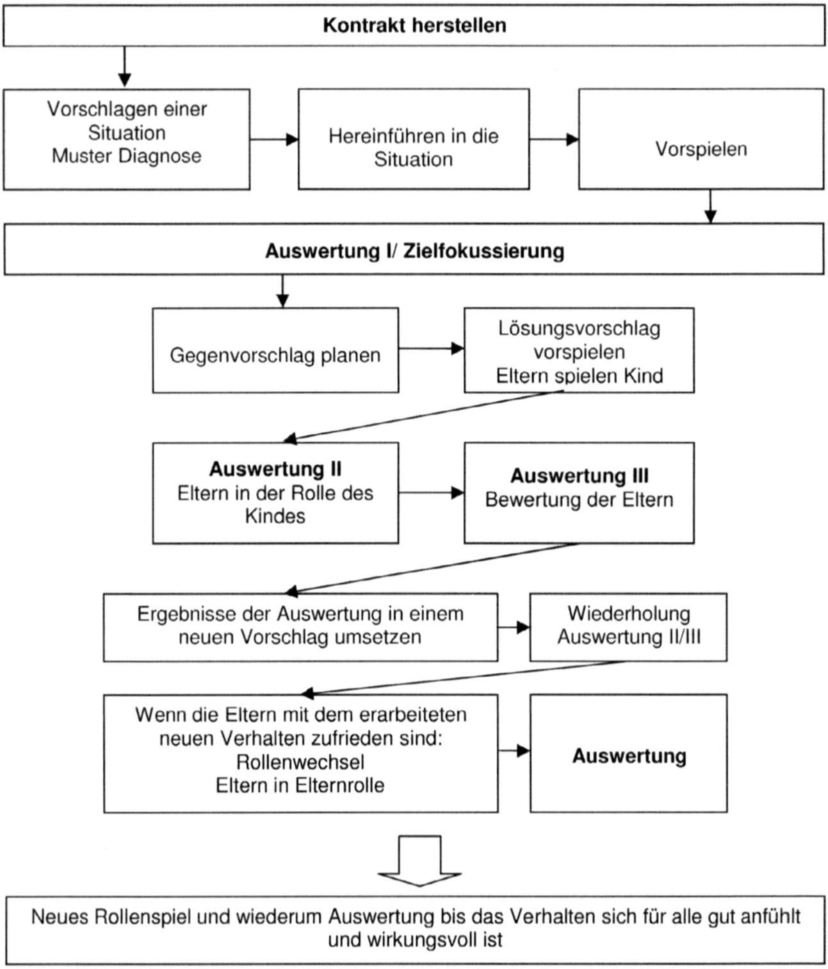

Kontrakt herstellen

Vorschlagen einer Situation Muster Diagnose	→	Hereinführen in die Situation	→	Vorspielen

Auswertung I/ Zielfokussierung

Gegenvorschlag planen	→	Lösungsvorschlag vorspielen Eltern spielen Kind

Auswertung II Eltern in der Rolle des Kindes	→	**Auswertung III** Bewertung der Eltern

Ergebnisse der Auswertung in einem neuen Vorschlag umsetzen	→	Wiederholung Auswertung II/III

Wenn die Eltern mit dem erarbeiteten neuen Verhalten zufrieden sind: Rollenwechsel Eltern in Elternrolle	→	**Auswertung**

Neues Rollenspiel und wiederum Auswertung bis das Verhalten sich für alle gut anfühlt und wirkungsvoll ist

Quelle: eigene Darstellung in Anlehnung an: Biene 2008, 68f.

3.8.4 Wie können Vorschläge für „Lösungsinteraktionen" in Familien entwickelt werden?

Wenn in den Rollenspielen Vorschläge gemacht werden, die nicht zu Veränderungen des Verhaltens der Kinder führen, können Stagnationen des Rollenspielablaufs eintreten. Es gibt verschiedene Ansätze, wie Lösungsinteraktionen in Familien entwickelt werden können. Ein Vorschlag ist das Rollenspiel (vgl. Abb. 4).

Die Methode des Rollenspiels bietet den Vorteil, dass das Feedback auf die Vorschläge unmittelbar greift und somit gezielt neue Vorschläge entwickelt werden können. Der Prozess enthält dadurch ein hohes Lernpotential. Folgend seien jedoch Hintergründe genannt, die wirksame Lösungsvorschläge einschränken:

- Oftmals werden Vorschläge auf der Grundlage vermeintlich richtiger pädagogischer Vorgehensweisen gemacht.
- Die Berater bieten unbewusst erzieherische Vorgehensweisen an, die sie in ihrer eigenen Familie erfahren haben, jedoch nicht auf andere Familien übertragbar sind.
- Stimmungen haben eine hochgradig ansteckende Wirkung, so dass im Rollenspiel leicht „Unveränderbarkeitstrancen" seitens der Eltern auf den Betreuer wirken können.
- Lösungsvorschläge erfolgen oft im Rahmen der bisherigen Lösungslogik, sie verändern somit nicht das Muster, sondern versuchen, im Grundmuster bleibend, einen weiteren Schritt „im alten Spiel".
- Kenntnisse über Familiendynamik werden zu selten eingesetzt, z. B. entfalten „Stiefeltern" die richtige pädagogische Lösung, dennoch erzielen sie damit nicht die Wirkung leiblicher Eltern (vgl. Biene 2008, 70).

Folgende Hintergründe müssen beachtet werden, um wirksame Lösungsvorschläge entwickeln zu können. In erster Linie muss die familiendynamische Komponente berücksichtigt werden und eine Grundorientierung vorliegen, welche Personen im Umfeld von Kindern in der Lage sind, Einfluss zu nehmen, d. h. in welchem Beziehungsgefüge ein Kind lebt und wer relevant für die Dynamik der Interaktionsmuster ist (vgl. Biene 2008, 70f.).

Wie die Grundannahme des Spinnennetzmodells (vgl. Kap. 3.8.2) besagt, besitzen Eltern die größte Bedeutung für das Kind und üben starken Einfluss aus. Fachleute scheitern deshalb, weil sie keine große Bedeutung für das Kind haben und somit weniger Einfluss nehmen können. Deshalb müssen Eltern eine Unterstützung erhalten, die es ermöglicht, den großen Einfluss wieder so zu nutzen, wie es für sie und die Familie notwendig ist.

Auch bei getrennt lebenden Eltern behalten beide Eltern ihre wichtige Stellung. Für Kinder ist es daher auch nach der Trennung der Eltern wichtig, dass diese friedvoll miteinander umgehen, denn das Kind fühlt die Stimmung, die zwischen den getrennt lebenden Eltern herrscht. Andernfalls kann es sein, dass das Kind sich innerlich dem anderen Elternteil verbunden fühlt und den Kampf zwischen den Eltern für den getrennt lebenden Elternteil weiterführt. Weiterhin bedeutend ist, dass die Eltern eine gemeinsame Linie in der Erziehung haben, um ihre Glaubwürdigkeit zu stärken. Deshalb sollte auch bei getrennt lebenden Eltern mit neuem Partner immer die Erziehung in erster Linie Sache der leiblichen Eltern bleiben. Oft besitzen aber auch Großeltern eine hohe Bedeutung für das Kind. Somit sollten die Großeltern über die erzieherische Linie der Eltern informiert und um Unterstützung gebeten werden (vgl. Biene 2008, 70ff).

Eine weitere entscheidende Frage ist, was die Elternrolle leisten kann bzw. darf. Deshalb folgen hier einige Ideen über Aufgaben und Potentiale der Elternrolle. Die Annahme im SIT-Modell ist, das Eltern verunsichert sind, was sie können und dürfen. Auch wenn die Eltern sich pädagogisch richtig verhalten, kann die Verunsicherung dazu führen, dass das Kind die Unsicherheit spürt und deshalb nicht angemessen reagiert (vgl. Biene 2008, 72).

Eltern sind insbesondere für das Verhalten ihres Kindes gegenüber anderen Erwachsenen verantwortlich, deshalb sollten die Eltern dem Kind beibringen, dass es andere Erwachsene respektiert. Weiterhin haben Eltern das Recht, dem Kind eine Orientierung zu geben. Aus gesammelten Erfahrungen möchten sie nicht unnötig hart, sondern behutsam und liebevoll zu ihrem Kind sein. Die Entscheidung sollte jedoch nicht den Kindern überlassen werden, damit die Kommunikationshoheit nicht verloren geht und die Eltern ernst genommen werden. Die Eltern müssen sich also das Recht geben, ihrem Kind sagen zu dürfen, was es zu tun hat und was nicht. Darüber hinaus gilt zu beachten, dass Kinder ihr Verhaltensmuster sehr viel schneller ändern als Eltern, wenn diese ihr Erziehungsverhalten verändern (vgl. Biene 2008, 72f.).

Im Folgenden werden abschließend wichtige Kriterien für wirksame Lösungsvorschläge vorgestellt.

Tritt eine „verdutzte Reaktion" auf?
Diese wird als Indikator gesehen, ob ein Vorschlag gefunden wurde, der die bisherige Musterlogik verlässt. Eine Musterlogik führt zu starren, einschränkenden Verhaltensweisen und ist ein Grund, warum keine Änderungen erfolgen. Wird das starre Muster hingegen verlassen und etwas Unerwartetes geschieht, tritt die verdutzte Reaktion ein, die Fortschritte im Lösungsversuch erbringt.

Tritt direkt zu Beginn nach der verdutzten Reaktion eine Ja-Reaktion auf?
Da sich Muster schnell fortsetzen und hat sich erstmal eine Nein-Interaktionskette etabliert, kann diese kaum verlassen werden. Daher ist es vorteilhaft, die Neuorientierung zu nutzen, um stattdessen eine Ja-Kette aufzubauen.

Sind die Eltern in der Elternrolle – sind die Kinder davon beeindruckt?
Die Eltern sollten ruhig und bestimmt sowie wohlwollend auf das Kind wirken und Orientierung geben.

Werden Kinder in einer positiven Identität angesprochen?
Sowohl verbal als auch nonverbal sollte durch das Verhalten der Eltern zum Ausdruck kommen, dass sie an ein eintretendes positives Verhalten der Kinder glauben.

Ist das neue Verhalten kurz?
Was sich nicht schnell ändern lässt, wird meist auch nicht über einen längeren Verlauf wirkungsvoller.

Geht die Reaktion des Kindes in Richtung des Zielbaums der Eltern?
Zielsetzung der Rollenspiele ist es, wirklich schwere Situationen zu verändern. Ein wichtiges Kriterium der Eltern ist daher, ob die Qualität eines Vorschlages in Richtung ihrer Ziele wirksam ist. Es ist also unerlässlich, auf die Bedürfnisse der Kinder zu achten, um positive und nachhaltige Veränderungen zu erreichen (vgl. Biene 2008, 74f.).

3.8.5 Lösungsorientierte Teamkommunikation

Die Interaktionsmuster innerhalb eines Teams haben eine enorme Bedeutung, da im SIT-Modell die wichtigste Interaktionsebene die der Helfer untereinander ist. Die Annahme ist hierbei, dass jene Kommunikationsmuster, mit denen ein Team arbeitet (z. B. Kampfmuster oder problemtranceerzeugende Sprachmuster), an die Klientensysteme weiter getragen werden. Somit können im ungünstigsten Fall die Kommunikationsstrukturen eines Teams zur Aufrechterhaltung oder Verstärkung der Symptome bei Klienten beitragen. Daher ist es gewinnbringend, auf die teaminternen Interaktionsmuster zu achten und diese so weit als möglich auf einer lösungsorientierten Ebene ablaufen zu lassen. Da eine lösungsorientierte Teamkultur nicht immer gegeben ist, stellt das SIT-Modell Anregungen zur Verfügung, mit denen wirkungsvoll an einer Teamkultur gearbeitet werden kann. Die Anregungen bestehen darin, sowohl die Methodik als auch die Haltung, die den Klienten angeboten wird, zunächst einmal auf sich und auf die Ebene der Teamdynamik aufzubauen (vgl. Biene 2008, 76ff).

1. Eine kollegiale Kooperationsbeziehung im Team herstellen – gegenseitiges Coaching: Ziel dieser Arbeitsweise ist es, grundlegende kooperative Rollen und Interaktionsmuster im Team selbst aufzubauen. In diesem teaminternen Coaching können über die Klarheit der Rollen sowie Zuständigkeiten und über den Ablauf des Coachings neue Interaktionsmuster entstehen.

2. Problemtrancefreie Kommunikation im Team: Hier soll geklärt werden, inwieweit die Kommunikation im Team im lösungsorientiert abläuft. Um dies einschätzen zu können, kann als Raster auf die fünf Problemstufen zurückgegriffen werden (vgl. Kap. 3.7.6). Ausschlaggebend ist, dass die Problemlösungskompetenzen eines Teams eher eingeschränkt wären, wenn sich die Kommunikation auf den Ebenen „Generalisierte Problemtrance" oder „Beschreibung generalisierten negativen Verhaltens" bewegt. Wenn sich die Kommunikation hingegen auf der Ebene der „situativen deskriptiven Verhaltensbeschreibung" oder auf der Stufe der Entwicklung von „positiven Gegenbildern" bewegt, wären eher günstige Prognosen für die Problemlösungsfähigkeiten eines Teams zu erwarten.

3. Rollenspiele im Team: Ähnlich wie in der Arbeit mit dem Klientel kann sowohl eine klare Rollenverteilung im Sinne eines teaminternen Coachings, als auch die Transformation von Problemen auf eine lösungsorientierte Ebene der Problembenennung zu einer kooperativen Grundstimmung und zu einem positiv-aktiven Zustand im Team führen. Verbal über Möglichkeiten einer Problemlösung zu arbeiten, könnte schnell wieder in unkooperative Muster führen (z. B. Rückfall in Kampfmuster oder Problemtrancesprache). Gleichfalls kann für

die Teamkommunikation auch die Methodik des Rollenspiels genutzt werden, indem man z. B. Gespräche mit den Klienten noch einmal nachspielt und andere Handlungsweisen gemeinsam mit dem Team erprobt (vgl. Biene 2008, 77ff).

3.9 Zusammenfassung

SIT ermöglicht den Aufbau konstruktiver Arbeitsbeziehungen und positiver Entwicklungen zu den Eltern, besonders im Zusammenspiel der Jugendhilfe. In diesem Modell werden die Auffälligkeiten und Probleme der Kinder als Ausdruck von Rollenzuweisungen sowie Beziehungsmustern im System erklärt. Die Probleme von Kindern sowie Jugendlichen entstehen und werden aufgerecht gehalten, durch die Beziehungsmuster, die in den Herkunftsfamilien der Kinder und in deren Umfeld herrschen.

Darüber hinaus beziehen sich grundlegende Inhalte des SIT-Modells auf die Interaktions- und Beziehungsmuster im professionellen Kontext. Dazu gehören bspw. die Kommunikationsstrukturen im Team sowie die Muster zwischen differenzierten Rollenebenen innerhalb von Institutionen.

Im SIT-Modell werden mit Hilfe einer systemischen Mikroanalyse die problemdeterminierten Knotenpunkte im Beziehungsgeflecht der Familie als auch zwischen Familie und ihrem Umfeld sowie zwischen Mitarbeitern professioneller Systeme bestimmt. Die problemstabilisierenden Schlüsselszenen werden in der Folge mit Hilfe verschiedener Methoden des SIT-Modells gemeinsam bearbeitet und den Beteiligten wird eine Hilfestellung gegeben, in Rollenspielen Interaktionsformen zur Problemlösung zu entwickeln und diese in den Alltag zu implementieren.

Daraus ergeben sich Anreize, die Rollenverteilungen zwischen professionellen Instanzen und Familien so weiterzuentwickeln, dass Ressourcen der Familien, vor allem der Eltern, eine deutliche Beachtung erhalten.

4. Das Evangelische Kinderheim Herne

4.1 Einleitende Bemerkung

Die Einrichtung Evangelisches Kinderheim Jugendhilfe Herne & Wanne-Eickel gGmbH bietet Kindern und Jugendlichen vielfältige Betreuungsmöglichkeiten. Da die Darstellung der Einrichtung und ihres Angebots aufgrund des vorgegebenen Rahmens und dem gesetzten Schwerpunkt dieser Arbeit nicht in aller Ausführlichkeit erfolgen kann, wird an dieser Stelle lediglich ein Überblick des vielfältigen Betreuungsangebotes gegeben, der dem Leser der vorliegenden Arbeit einen Eindruck der Einrichtung als modernes Heim für Kinder und Jugendliche vermitteln soll.

4.2 Beschreibung der Einrichtung

Die Einrichtung Evangelisches Kinderheim Jugendhilfe Herne & Wanne-Eickel gGmbH ist ein anerkannter Träger der freien Jugendhilfe und als solcher eine Organisation für stationäre und ambulante erzieherische Hilfen für Kinder, Jugendliche und junge Erwachsene und deren Familien (vgl. Internet Ev. Kinderheim 2004a: Beschreibung der Organisation).

Die Gründung der Einrichtung als gemeinnützige Gesellschaft mit beschränkter Haftung (gGmbH) erfolgte am 28.07.1998 rückwirkend zum 01.01.199, aus dem Zusammenschluss des Evangelischen Kinder- und Jugendheimes Herne, Overwegstr. 31, mit dem Evangelischen Jugend- und Kinderheim Wanne-Eickel, Heisterkamp 42. Durch die Gründung der gGmbH und die damit verbundene Zusammenführung der beiden Ev. Jugendhilfeeinrichtungen wurden die Kräfte gebündelt und durch die Nutzung der gemeinsamen Ressourcen Synergieeffekte erreicht, die nicht nur positive Auswirkungen auf die Kostenentwicklung haben, sondern auch mehr Flexibilität und die Möglichkeit, lebensweltorientierte Angebote effektiv zu gestalten, bieten (vgl. Internet Ev. Kinderheim 2004a: Beschreibung der Organisation).

Gesellschafter der gGmbH sind der Kirchenkreis Herne und der Ortsverein für Innere Mission Wanne-Eickel e.V., die jeweils mit fünfzig Prozent am Stammkapital der gGmbH beteiligt sind. Organe der Gesellschaft sind die Gesellschaftsversammlung, der Verwaltungsrat und der Geschäftsführer (vgl. Internet Ev. Kinderheim 2004a: Beschreibung der Organisation).

Die Einrichtung Evangelisches Kinderheim Jugendhilfe Herne & Wanne-Eickel gGmbH verfügt über ein Angebot, das ca. 200 Kindern, Jugendlichen und jungen Erwachsenen stationäre, teilstationäre und flexible bzw. ambulante Betreuung (gemäß der §§19 und 27ff KJHG) ermöglichen kann (vgl. Kap. 2.3).

In der Einrichtung arbeiten Heilpädagogen, Sozialarbeiter, Sozialpädagogen, Erzieher, Lehrer und Familientherapeuten in weitgehend autonomen Erziehungs- und Betreuungsgruppen bzw. -angeboten. Die Mitarbeiter werden von der Heimleitung und dem gruppenübergreifenden Dienst, dessen Mitarbeiterstamm keiner festen Gruppe angehört, in ihrer Arbeit beraten und unterstützt. Der psychologische Dienst z. B. gewährleistet die psychologische Begleitung, Diagnostik, Beratung und Kriseninterventionen. Heil-, moto- und pädagogische Diagnostik werden von den Gruppen geleistet. Neben der intensiven Elternarbeit in allen Bereichen des Kinderheims bieten die Mitarbeiter systemisch orientierte Eltern- und Familienberatung und im Bedarfsfall Familientherapien an. Externe Fachkräfte wie z. B. Psychiater oder ausgebildete Supervisoren werden bei Bedarf für z. B. Fall- und Teamsupervision eingesetzt (vgl. Internet Ev. Kinderheim 2004a: Beschreibung der Organisation).

Die pädagogische Arbeit findet ausschließlich durch Fachkräfte statt, die in Teams zusammenarbeiten. Die Teams arbeiten mit einer möglichst hohen Autonomie und Eigenverantwortlichkeit zusammen. Zwischen Leitung und Mitarbeitervertretung erfolgt eine Zusammenarbeit, die den Belangen der Bewohner und der Mitarbeiter gerecht wird. Dabei ist eine offene und effiziente Kommunikation eine selbstverständliche Voraussetzung (vgl. Internet Ev. Kinderheim 2004a: Beschreibung der Organisation).

Die Organisation des Kinderheims wird durch den Geschäftsführer Volker Rhein gesteuert. Herr Rhein ist Sozialpädagoge und war vor der Tätigkeit als Geschäftsführer im Kinderheim Herne in verschiedenen Heimen in unterschiedlichen Positionen tätig. Er hat im Laufe der Zeit zahlreiche Weiterbildungen absolviert, u. a in den Bereichen Heilpädagogik, Personalwesen, Betriebswirtschaft und Management.

Als Herr Rhein im Jahr 1996 im Kinderheim Herne die Leitung übernahm, bestand dieses noch als gesonderte Einrichtung zur Einrichtung Wanne-Eickel. Beide Einrichtungen hatten zwar neben den Regelangeboten schon einige ausgelagerte Wohngruppen, jedoch wurde zum größten Teil noch die klassische Heimerziehung praktiziert und es gab keine Intensivangebote oder andere besondere Gruppen. Im Zuge der Übernahme der Leitung durch Herrn Rhein änderte sich das Konzept der Heimerziehung in den Einrichtungen grundlegend. Die beiden Einrichtungen wurden zusammengeschlossen, um einer modernen Jugendhilfeeinrichtung (vgl. Kap. 2.5) gerecht werden und neue Wege in der Heimerziehung gehen zu können.

Es wurden viele neue Projekte gestartet, um herauszufinden, an welchen Punkten in der Jugendhilfe Bedarf besteht. Es wurde immer wieder hinterfragt, welche Angebote in der Jugendhilfe gebraucht werden und welche Ziele es zu verfolgen gilt. Herrn Rhein war und ist es auch heute noch ein besonderes Anliegen, neue Wege in der Heimerziehung zu gehen, d. h. eine stetige Weiterentwicklung der Heimerziehung anzustreben und Angebote zu schaffen, die sich als zukunftsträchtig erweisen. Außerdem ist es für Herrn Rhein von besonderer Bedeutung, das Ressourcenpotenzial jedes Einzelnen zu wecken und zu nutzen und gleichzeitig für andere zugänglich zu machen. Im Laufe der Zeit wurden viele neue Angebote und Therapieformen (vgl. Kap. 4.5) in der Einrichtung integriert, die sich als sinnvoll erwiesen und sich etabliert haben (die obigen Angaben basieren auf einem persönlichem Gespräch mit Herrn Rhein).

Heute arbeitet Herr Rhein als Geschäftsführer mit einem Managementteam zusammen, welches sich neben ihm aus zwei weiteren Heimleitungsmitgliedern und mehreren Erziehungsleitern zusammensetzt. Die Verwaltungsleitung beschäftigt sich mit allen Fragen zu finanziellen Punkten und der gesamten Verwaltung des Kinderheims. Der Geschäftsführung ist ein Qualitätsbeauftragter unterstellt, der für die Implementierung und Pflege des Qualitätsmanagementsystems verantwortlich ist. Er ist in alle qualitätsrelevanten Entscheidungen eingebunden. Der pädagogische Mitarbeiter erhält zur Erreichung und Sicherung der Prozessqualität eine direkte persönliche Verantwortung für die durch ihn begleitenden, geförderten und zu erziehenden Kinder (vgl. Internet Ev. Kinderheim 2004b: Grundsätze unseres Handelns).

Das evangelische Kinderheim Herne ist als Einrichtung der Jugendhilfe Teil des Gemeinwesens. Die Arbeit ist lebensweltorientiert ausgerichtet, dabei wird der Vernetzung und Kooperation mit anderen Institutionen besondere Beachtung geschenkt. Demzufolge ist die Einrichtung im hohen Maße dazu bereit, sich weiterzuentwickeln und sich in inneren und nach außen wirksamen Prozessen und Leistungen, bezogen auf deren Notwendigkeit und Qualität, zu verbessern. Dabei sind eine stets effiziente Informations- und Kommunikationsstruktur, sowie eindeutige Richtlinien von großer Bedeutung. Dieses wird durch einen fortdauernden Entwicklungsprozess gewährleistet. Da die finanziellen Ressourcen der Einrichtung und auch die der öffentlichen Hand begrenzt sind, ist es für das Kinderheim wichtig, dass alle qualitätsrelevanten Abläufe, Verfahren und Prozesse optimiert werden. Anhand von Kooperation und Vernetzung mit wichtigen Partnern entstehen Synergieeffekte, die in einem angemessenen Preis- bzw. Leistungsverhältnis versuchen, den größtmöglichen Nutzen für die Adressaten zu erreichen. Mit Gründung der gGmbH wurde begonnen, ein Qualitätsentwicklungssystem auf der Grundlage der ISO 9000 unter der Berücksichtigung der Grundsätze des Total Quality Management (TQM) und anderen Ansätzen wie EFQM und dem Windesheimer Modell zu implementieren. Ziel der Implementierung ist die Gewähr, durch Innovation, Evaluation und Reflexion der Dienstleitung, insbesondere der pädagogischen Prozesse, diese kontinuierlich zu verbessern und der jeweiligen Fragestellung angemessen und entsprechend zu gestalten (vgl. Internet Ev. Kinderheim 2004c: Grundsätze unseres Handelns. Qualitätspolitik).

4.3 Grundsätze und Ziele

Die Ziele der Arbeit im Kinderheim Herne sind wie die unterschiedlichen Angebote sehr vielfältig und reichen von der Arbeit mit Familien bis hin zur völligen Ablösung der Kinder und Jugendlichen zu einer eigenständigen Lebensführung. Das größte Ziel ist es, jedem Kind bzw. Jugendlichen eine dem Alter und seiner Persönlichkeit entsprechende Förderung zu gewähren. Darauf haben sich die verschiedenen Erziehungsgruppen spezialisiert (vgl. Internet Ev. Kinderheim 2004a: Beschreibung der Organisation).

„Jeder junge Mensch hat ein Recht auf Förderung seiner Entwicklung und auf Erziehung zu einer eigenverantwortlichen und gemeinschaftsfähigen Persönlichkeit. Diese Norm schützt nicht nur das allgemeine Persönlichkeitsrecht (Person-Sein) und die allgemeine Handlungsfreiheit, sondern für Kinder und Jugendliche auch das Person-Werden" (vgl. Internet Ev. Kinderheim 2005a: Konzeptionelle Kurzdarstellung).

Das evangelische Kinderheim Herne sieht als Träger der freien Jugendhilfe seine Aufgabe darin, sich der jungen Menschen anzunehmen, denen dieses Recht versagt wird.

4.4 Leitbild

„Die Kirche hat den Auftrag, Gottes Liebe zur Welt in Jesus Christus allen Menschen zu bezeugen. Diakonie ist Gestalt dieses Zeugnisses und nimmt sich besonders der Menschen in leiblicher Not, seelischer Bedrängnis und sozial ungerechten Verhältnissen an" (vgl. Internet Ev. Kinderheim 2004d: Leitbild).

Der Behebung der Ursachen dieser Nöte wird dabei ein entscheidender Anteil zugedacht. Die Ev. Kinderheim Jugendhilfe Herne & Wanne-Eickel gGmbH sieht ihre Aufgabe darin, sich – über das gewöhnliche Maß hinausgehend – gefährdeter junger Menschen anzunehmen. Grundlage der Arbeit ist das christliche Menschenbild. Ziel und Zweck der christlich begründeten Jugendhilfe ist es in diesem Zusammenhang, Kinder bzw. Jugendliche und junge Erwachsene sowie deren Familien aus scheinbar auswegslosen Situationen herauszuführen, die Isolation zu überwinden, eine Gemeinschaft zu eröffnen, mit ihnen Perspektiven zu entwickeln und sie auf ein eignverantwortliches Leben vorzubereiten. Dabei meint der Begriff Eigenverantwortung vor allem, die soziale Reife und Fähigkeit zu sozialen Kontakten. Die Entwicklung der jungen Menschen soll durch eine Verbindung von Alltagsleben mit pädagogischen und therapeutischen Angeboten gefördert werden (vgl. Internet Ev. Kinderheim 2004b: Grundsätze unseres Handelns sowie Internet Ev. Kinderheim 2005a: Konzeptionelle Kurzdarstellung).

Die Begegnung mit den jungen Menschen und Familien (in stationärer, teilstationärer, flexibler oder ambulanter Betreuung) geschieht mit großer Wertschätzung und Respekt. Die Versorgung, Erziehung und Förderung der zu betreuenden Menschen soll zu jeder Zeit gewährleistet sein und steht im Mittelpunkt der gesamten Arbeit. Die Lebensorientierung ist der Grundsatz dieser Arbeit. Die jungen Menschen und deren Familien werden in der aktiven Teilnahme am Leben der Gesellschaft unterstützt, um eine positive Integration in die Gesellschaft zu ermöglichen und sie von weiteren Hilfen weitgehend unabhängig zu machen (vgl. Internet Ev. Kinderheim 2004b: Grundsätze unseres Handelns).

4.5 Die Angebote des Kinderheims Herne

Nach der allgemeinen Beschreibung der Einrichtung, dessen Leitbild sowie Grundsätzen und Zielen, folgt an dieser Stelle ein kurzer Überblick des vielfältigen Betreuungsangebotes des Evangelischen Kinderheims, der dem Leser der vorliegenden Arbeit einen Eindruck der Einrichtung als modernes Heim für Kinder und Jugendliche vermitteln soll.

Das Kinderheim praktiziert eine moderne Heimerziehung aufgrund ihres differenzierten Angebotes, ihrer Dezentralisierung, Flexibilisierung und Individualisierung (vgl. Kap. 2.2.2). Darüber hinaus bemüht sich das Kinderheim nach einer milieunahen Fremdunterbringung. In diesem Zusammenhang wird die Heimerziehung des Kinderheims Herne im Kontext der lebensweltorientierten Ausgestaltung (vgl. hierzu auch Wolf 1995, 21ff) der Hilfen zur Erziehung gesehen. Die Integration der Heimerziehung in dezentralisierte Hilfestrukturen vor Ort setzt eine Orientierung an der realen Lebenswelt von Kindern voraus, indem das soziale Umfeld des Kindes einbezogen wird (vgl. Kap. 2.2). Dieser Zielsetzung werden neue Organisations- und Kooperationsformen auferlegt. Integrierte Hilfen schließen vielfältige Betreuungsformen, wie teilstationäre Hilfen in Tagesgruppen, kleine Heimeinrichtungen, mobile Betreuung sowie differenzierte Formen intensiver Einzelbetreuung (vgl. Abb. 5), ein. Innerhalb der Heimerziehung des Kinderheims Herne wurde das Konzept flexibler Betreuung implementiert. Hierbei werden für jeden Einzelfall spezifische Settings der Betreuung und der Wohnform geschaffen (vgl. Internet Ev. Kinderheim 2005b: Flexible Erziehungshilfe).

Abb. 5: Angebote des Ev. Kinderheims im Überblick

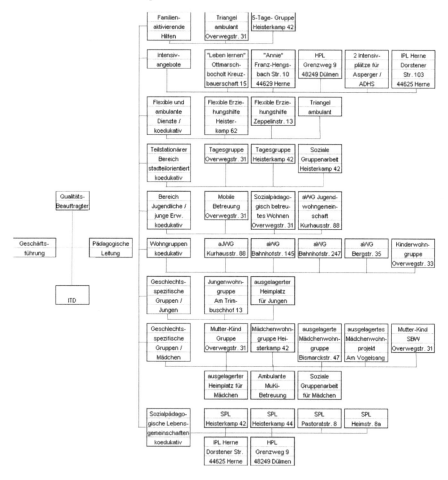

Quelle: eigene Darstellung

Vorstehende Abbildung enthält eine Darstellung über die differenzierten Angebotsformen, die durch das Kinderheim Herne bereitgestellt werden. Da sich der Fokus dieser Arbeit jedoch auf den systemischen Ansatz (vgl. Kap. 3) richtet und dieser besonders bei familienaktivierenden Hilfen praktiziert wird, sollen diese nachfolgend vertiefend beschrieben werden. Grundsätzlich fallen unter diese Hilfen beim Kinderheim Herne die Angebote:

- Triangel-5-Tage-Gruppe/Eltern-Kind-Appartment
- Triangel ambulant
- flexible Erziehungshilfen (vgl. Abb. 5).

Bei Triangel ambulant ist die elternaktivierende Interaktionstherapie ein für den Einzelfall konzipiertes Jugendhilfeangebot nach dem Triangel-Modell (vgl. Kap. 3). Die Entwicklung, Stärkung und Förderung erzieherischer Kompetenzen im und am Alltag stehen dabei im Mittelpunkt. Alle vorsorgenden, erzieherischen und sozialemotionalen Verantwortlichkeiten verbleiben bei den Eltern bzw. Erziehenden. Dabei werden sie durch gezielte Intervention in ihrer erzieherischen Tätigkeit unterstützt und gemäß ihrer Fähigkeiten angeleitet. Im Fokus steht insbesondere die Stärkung der vorhandenen Ressourcen; die Betreuung zielt auf eine akute und länger-fristige Problemlösung. Die Regelleistungen werden ambulant angeboten, um einen direkten Bezug zur Lebenswelt zu erhalten (vgl. Internet Ev. Kinderheim 2007a: Konzeption der Elternaktivierung/Triangel ambulant).

4.5.1 Die Triangel-5-Tage-Wohngruppe

An dieser Stelle wird die Triangel-5-Tage-Wohngruppe und darauf folgend das Eltern-Kind-Appartement genauer beschrieben, da dort die Systemische Interaktionstherapie (vgl. Kap. 3) umgesetzt wird und ich aus persönlichen Erfahrungen als Mitarbeiterin der „Triangel-Wohngruppe" meine Sichtweise darstellen kann. Die Triangel-5-Tage-Wohngruppe und das Eltern-Kind-Appartement sind den familienaktivierenden Hilfen zugeordnet. Es sind zwei verschiedene Gruppen, die aufgrund der räumlichen Organisation derzeit in einem Haus auf unterschiedlichen Etagen untergebracht sind, jedoch von denselben Mitarbeitern und auf Grundlage derselben Konzeption (SIT-Modell) betreut werden.

Die Unterbringung von Kindern und Jugendlichen in der Triangel-5-Tage Wohngruppe gründet rechtlich und finanziell auf dem Kinder-Jugendhilfegesetz. Hierbei wird sich auf § 27ff in Verbindung mit §§ 34, 35a, 36, 37 KJHG und § 39 BSHG bezogen. Die Triangel-5-Tage-Wohngruppe ist demnach ein stationäres Angebot der Erziehungshilfe gemäß § 34 KJHG (vgl. Kap. 2.3.3). Die Kinder bzw. Jugendlichen leben fünf Tage in der Woche in der Gruppe und zwei Tage (am Wochenende) zu Hause bei ihren Eltern. Es handelt sich um ein eigenständiges Jugendhilfeangebot zur Unterstützung von Kindern bzw. Jugendlichen und ihren Eltern, ohne dabei deren Erziehung ersetzen zu wollen. Eine besondere Form der Eltern-Familienarbeit wird durch den Arbeitsansatz der systemischen Interaktionstherapie angeboten; dies ist ein flexibler, auf die spezifische Familienproblematik abgestimmter Arbeitansatz (vgl. Internet Ev. Kinderheim 2007b: Konzeption der Triangel-Wohngruppe).

Die Grundannahme hier besteht darin, dass Probleme in den Familien durch charakteristische zirkulär kognitive, emotionale und verhaltensbezogene, individuelle sowie interindividuelle Muster miteinander verbunden sind. Somit sind die Probleme der Familien nicht durch reale, unveränderliche Faktoren bedingt. Voraussetzung für einen aktiven konstruktiven Arbeitsprozess ist der Wille, den Hilfeprozess aktiv mitzugestalten sowie eine tragfähige Bindung der Eltern bzw. Erziehenden zu den Kindern und deren Reaktivierbarkeit. Wenn Eltern zeitweise mit der Erziehung und Versorgung der Kinder überfordert sind und wenn ein Stabilisierungsprozess zum weiteren Zusammenleben dringend erforderlich ist, bietet die Triangel-5-Tage-Wohngruppe eine Chance, nicht funktionierende Erziehungsmuster durch funktionierende zu ersetzen (vgl. Internet Ev. Kinderheim 2007b: Konzeption der Triangel-Wohngruppe). Vorhandene Kampf- oder Abgabemuster werden in dem Hilfeprozess durch Kooperationsmuster ersetzt (vgl. Kap. 3.6).

„Ziel der Arbeit ist es, Kindern und deren Eltern, bzw. die in der erzieherischen Verantwortung stehenden Personen so zu unterstützten, dass ein Weiterbestehen des Familiensystems ermöglicht werden kann" (Internet Ev. Kinderheim 2007b: Konzeption der Triangel-Wohngruppe).

Die Triangel-5-Tage-Wohngruppe ist geeignet für Kinder bzw. Jugendliche, welche aus schwierigen Familien bzw. Lebensverhältnissen stammen, die Probleme mit der Integration in Familie, Schule oder sozialen Systemen haben oder einer Strukturierung ihres Lebensalltags bedürfen. Außerdem richtet sich die Maßnahme an Kinder bzw. Jugendliche, bei denen eine ambulante oder teilstationäre Betreuung nicht als ausreichend erscheinen bzw. diese nicht zu der gewünschten Veränderung und/oder Förderung des Kindes geführt haben. Ziel dieser Maßnahme ist somit die erfolgreiche Rückführung in die Herkunftsfamilie, welche in einem Zeitraum von ungefähr zwei Jahren angestrebt wird. Dies setzt allerdings voraus, dass die Eltern bzw. Erziehungsberechtigten einerseits freiwillig in die Einrichtung kommen und bereit für die Zusammenarbeit sind und andererseits in der Lage sind, die Versorgung der Kinder bzw. Jugendlichen an den Wochenenden zu Hause aufrecht zu erhalten (vgl. Internet Ev. Kinderheim 2007b: Konzeption der Triangel-Wohngruppe).

4.5.2 Das Eltern-Kind-Appartment

Die stationäre Aufnahme eines Familiensystems im Eltern-Kind-Appartement ist die konsequente Weiterführung des schon in der Triangel-5-Tage-Wohngruppe bzw. ambulant praktizierten Arbeitsansatzes der systemischen Interaktionstherapie. Haben sich bei den Beteiligten besonders problematische Verhaltens- und Erziehungsmuster über viele Jahre manifestiert, mag sich die in der Triangel-5-Tage-Wohngruppe geleistete Arbeit zur Elternaktivierung häufig als nicht ausreichend erweisen. Die spezielle Maßnahme der stationären Aufnahme ermöglicht es in solchen Fällen, über eine befristete

Zeit mit der gesamten Familie im Eltern-Kind-Appartement eine intensive Zusammenarbeit zu gewährleisten. Dabei können intensivere Formen neuer Erziehungsverhalten in konkreten Problem- und Konfliktsituationen erarbeitet, erprobt und trainiert werden. Die Motivation der Familie wird durch die Haltung der Mitarbeiter gegenüber der Familie gefördert. An der individuellen Problemlage der Familie orientiert sich die Dauer und Intensität der stationären Aufnahme. Auch hier besteht das weitreichende Ziel der Arbeit darin, Kinder und Eltern so zu unterstützen, dass ein Weiterbestehen des Familiensystems ermöglicht wird (vgl. Internet Ev. Kinderheim 2007c: Triangel-Gruppe – Eltern-Kind-Appartment).

Das Team beider aufgeführten Gruppen besteht hauptsächlich aus Pädagogen (Sozialpädagogen, Heilpädagogen, Erzieher – ggf. im Anerkennungsjahr) mit einer Zusatzqualifikation im Bereich der systemischen Beratung oder Therapie, sowie der Fortbildung zum Interaktionsberater (SIT). Der Personalschlüssel beträgt 1:2. Unterstützt wird das Team durch eine Hauswirtschaftskraft. Schulische Schwächen der Kinder bzw. Jugendlichen können mit Hilfe einer Hausaufgabenbetreuung aufgearbeitet werden. Bei Bedarf findet die interdisziplinäre Zusammenarbeit mit Psychologen, Motopäden etc. statt. Eine enge Zusammenarbeit mit dem zuständigen Jugendamt wird ebenso als besonders wichtig erachtet (vgl. Internet Ev. Kinderheim 2007c: Triangel-Gruppe – Eltern-Kind-Appartment).

Die Rechts- und Finanzierungsgrundlage des Eltern-Kind-Appartements stellt ebenfalls § 27 KJHG dar, in Verbindung mit den §§ 29, 31, 32, 34, 35a und 36 des Kinder- und Jugendhilfegesetzes sowie des BSHG (vgl. Internet Ev. Kinderheim 2007c: Triangel Gruppe Eltern Kind Appartment).

4.6 Die Systemische InteraktionsTherapie im pädagogischen Alltag

Im theoretischen Teil dieser Arbeit wurde das Konzept der Systemischen Interaktionstherapie (vgl. Kap. 3) vorgestellt und die wichtigsten Methoden und

Inhalte beschrieben. Um einen praktischen Zusammenhang von Theorie und Praxis herstellen zu können, wird nun ein kleiner Einblick des pädagogischen Alltags aus eigenen Erfahrungen der Triangel-5-Tage-Gruppe folgen und es wird kurz auf den Prozessablauf des SIT-Konzepts in der Triangel-5-Tage-Gruppe eingegangen. Unter dem pädagogischen Alltag verstehe ich dabei das praktische Zusammenwirken, d. h. im Wesentlichen die Interaktionen zwischen Betreuern, dem Kind und den Eltern unter den räumlichen und personellen Rahmenbedingungen der Institution. Anschließend werden die wesentlichen Aussagen der durchgeführten Interviews wiedergegeben und in Bezug auf die Fragestellung dieser Diplomarbeit, welche Besonderheiten das SIT-Konzept im Kontext der Heimerziehung darstellt, reflektiert.

4.6.1 Der pädagogische Alltag in der Triangel-5-Tage-Gruppe

In der Triangelgruppe leben maximal neun bis zehn Kinder. Außerdem haben zwei Familien die Möglichkeit, ein gemeinsames Eltern-Kind-Apartment zu beziehen. Das Eltern-Kind-Apartment wurde erstmals im Januar 2007 von zwei Müttern mit ihren Kindern bezogen.

Die Triangelgruppe ist während des Alltags strukturiert. So gibt es Gruppenregeln, die von allen Kindern, gleich welchen Alters, eingehalten werden müssen. Immer zur selben Zeit wird gemeinsam zu Abend gegessen. Diese Zeit wird genutzt, um mit den Kindern den Tag zu besprechen und den nächsten Tag zu planen. Außerdem haben die Kinder jeden Montag ein Gruppengespräch. Dieses wird von den Kindern abwechselnd geleitet und protokolliert. Das Gruppengespräch beginnt mit einer allgemeinen Befindlichkeitsrunde; die Kinder erzählen nacheinander, wie es ihnen geht und welche Themen sie im Gespräch besprechen wollen. Die Themen werden anschließend diskutiert. Die Kinder haben also Zeit, Probleme untereinander selber zu klären.

Des Weiteren wird die wöchentliche Außenaktivität besprochen. Die Kinder stimmen ab, was sie unternehmen möchten. Die Aktivität findet immer mittwochs statt. Alle Kinder müssen während der Woche Dienste im Haushalt, wie zum Beispiel Staubsaugen, Tischdecken etc. übernehmen. Diese Aufgaben werden im Gruppengespräch bestimmt und wechseln wöchentlich. Zum Abschluss wird das Gespräch mit einer Abschlussbefindlichkeitsrunde beendet.

Die Kinder gehen zu geregelten, nach ihrem Alter gestaffelten Zeiten zu Bett. Donnerstags werden die Zimmer gründlich aufgeräumt. Die Kinder verlassen die Gruppe bis spätestens freitags um 15 Uhr und kommen am Sonntag im Laufe des Nachmittags in Begleitung der Eltern zurück in die Gruppe. Der Sonntag wird für Gespräche mit den Eltern genutzt. In diesen Einzelgesprächen wird das vergangene Wochenende reflektiert, sowie die nächste Woche geplant. Schwierige Situationen, die eventuell am Wochenende aufgetreten sind, werden besprochen und anhand von Rollenspielen (vgl. Kap. 3.8.3) aufgearbeitet. Die Eltern haben darüber hinaus die Möglichkeit, innerhalb der Woche Einzeltermine mit den Mitarbeitern zu vereinbaren. Hier werden ebenfalls in Rollenspielen schwierige Situationen nachgespielt und anschließend diskutiert.

Während der Woche nehmen die Eltern aktiv am Wochengeschehen teil. Einige Eltern erledigen mit ihren Kinder bspw. die Hausaufgaben, andere nehmen am Abendessen teil. Wenn die Eltern anwesend sind, sind sie die Verantwortlichen (vgl. Kap. 2.5) für ihre Kinder. Die Kinder gehen mit all ihren Belangen ausschließlich zu ihren Eltern. Die Eltern entscheiden auch über den Tagesablauf der Kinder, achten dabei auf die Einhaltung der Regeln. Die Mitarbeiter fungieren im Hintergrund als Unterstützer bei Konflikten oder schwierigen Situation.

Das Team der Triangelwohngruppe hat wöchentlich eine Teambesprechung. In diesem Gespräch wird jede Familie einzeln besprochen. Hier haben die Mitarbeiter die Möglichkeit, Fragen in Bezug auf die Eltern gemeinsam zu behandeln. In Rollenspielen werden Haltungen und Rollenverteilungen überprüft. Auch organisatorische Dinge werden während dieser Zeit geklärt und geplant. Einmal im Monat, meist an einem Sonntag, findet eine Elterngruppe statt, in der die Eltern die Möglichkeit haben, Erfahrungen und Lösungsstrategien auszutauschen. Die Arbeit mit den Elterngruppen intensiviert den gesamten Prozess nochmals und führt dazu, dass die Zeit der Mitarbeiter effektiv für mehrere Familien genutzt werden kann und die Familien miteinander und voneinander lernen können. Darüber hinaus schafft die Elterngruppe ein Gefühl von Verbundenheit in der Gruppe, was ebenfalls wesentliche tiefgehende Veränderungsprozesse fördert bzw. ermöglicht.

Zu Beginn einer Hilfe nach dem SIT-Modell steht immer die intensive Arbeit auf der Beziehungsebene. Erst wenn die Bereitschaft der Familie sowie des Jugendamtes zur Kooperation erarbeitet wurde, kann die eigentliche Arbeit in der Gruppe beginnen. Kampf- und Abgabemuster erfordern hier unterschiedliche Vorgehensweisen. Diese werden, je nach Verlauf der ersten Gespräche mit den Familien und dem Jugendamt, von den Mitarbeitern ausgewählt (vgl. Kap. 3.6).

Abb. 6: Prozessablauf des SIT-Modells in der 5-Tage-Gruppe

Vorarbeit: Kooperation; Hilfeträger – Jugendamt	Arbeit an der Beziehungsebene
1. Kampfmuster Strategien des Jugendamtes, um Klienteneinstieg in das Kooperationsmuster zu ermöglichen.	
2. Abgabemuster Strategien des Jugendamtes, um Klienteneinstieg in das Kooperationsmuster zu ermöglichen.	
Arbeitsphase I: Beziehungsaufbau beim Anbieter der Hilfe	
1. Kampfmuster Strategien des Anbieters, um Klienteneinstieg in das Kooperationsmuster zu ermöglichen.	
2. Abgabemuster Strategien des Anbieters, um Klienteneinstieg in das Kooperationsmuster zu ermöglichen.	
Arbeitsphase II: Problemdefinition	Vergangenheit/ Status Quo
1. Multiproblem-Wolke Aus der Wolke zu einzelnen Problembereichen führen.	
2. Erklärungsmodell als Problem Verhaltensbeschreibung erfragen.	
3. Generalisiertes Verhalten Quantitativ und kontextuell eingegrenzte Verhaltensbeschreibung ohne Bewertung.	
Arbeitsphase III: Zieldefinition für das Kind	Zukunftsvision des gelösten Problems
Was soll stattdessen sein, damit das Problem gelöst ist?	
Erstellen des Zielplakats.	
Arbeitsphase IV: Zieldefinition für die Eltern	Lernziele der Eltern/ Traineraufgaben
Was wollen die Eltern tun/lernen, um die Ziele beim Kind zu erreichen?	
Zielplakat für die Eltern erstellen.	
Arbeitsphase V: Erarbeitung des Lösungsverhaltens für die Eltern	Handlungs-/ Interventionsebene
Rollenspiele – Videotraining – Live – Begleitung – Elterngruppe – Partnergespräche – Arbeit an den Beziehungen der Herkunftsfamilie der Eltern, u.a.m	

(Evangelisches Kinderheim Jugendhilfe Herne & Wanne-Eickel 2005, Konzeption der Triangel-Wohngruppe)

Ist das Kooperationsmuster erreicht, beginnen die Mitarbeiter zusammen mit den Eltern mit der Problemdefinierung. Wenn die einzelnen Probleme der Familie und das damit verbundenen Verhalten ohne Bewertung benannt werden können, folgt der nächste Arbeitsschritt. In diesem Schritt wird die Zielvorstellung der Eltern erarbeitet und die Mitarbeiter analysieren gemeinsam mit den Eltern, welche Schritte für die Umsetzung der Zielvorstellung gegangen bzw. bearbeitet werden müssen. Es werden Vereinbarungen getroffen, woraufhin die Erstellung eines Zielplakates erfolgt (vgl. Kap. 3.7.7). Im nächsten Arbeitsschritt erfolgen die Erarbeitung und das Erlernen neuer Handlungsmöglichkeiten und Lösungsansätze (vgl. Kap. 3.8.4).

Im Anschluss der Hilfe in der 5-Tage-Wohngruppe findet, je nach individueller Situation, eine ambulante Nachbetreuung statt. Oft tritt nach Ende der stationären Hilfe eine Phase ein, in der alte Verhaltensweisen zurückkehren und die neu erlernten Verhaltensweisen und Lösungsstrategien nicht mehr präsent sind. Hier greift die ambulante Nachbetreuung ein und „erinnert" die Familien an die gesammelten Erfahrungen. In der Regel führt diese ambulante Beratung zu einer Festigung der erarbeiteten Lösungsstrategien und zu einer dauerhaften Verbesserung der Beziehungen im familiären System.

4.6.2 Die Systemische InteraktionsTherapie aus Sicht der Mitarbeiter

Als Untersuchungsmethode habe ich mich für das problemzentrierte Interview, welches zu den Leitfrageninterviews bzw. halbstandardisierten Interviews gehört, entschieden.

Die offene Gestaltung des Interviews ermöglicht dem Interviewpartner, seine persönliche Sichtweise darzulegen. Mit Hilfe des problemzentrierten Interviews können individuelle Bedingungsfaktoren der Fragestellung ergründet und die bereits im Vorfeld vorhandene Theorie überprüft werden. Der Leitfragebogen gibt dabei einen Orientierungsrahmen für eine Problemzentrierung. Der Forscher setzt an einer Problemstellung an, dessen Gegenstandsbereich er sich im Vorfeld bereits erarbeitet hat. Somit stehen bei dem problemzentrierten

Interview spezifische, enger eingegrenzte Fragestellungen im Vordergrund der Untersuchung. Weiterhin stellt diese Interviewform eine offene Befragungsart dar, so dass keine Antwortvorgaben angeboten werden, sondern lediglich relevante Themengebiete, die es dem Interviewten ermöglicht, die eigenen subjektiven Meinungen im Themengebiet darzustellen. Somit liegt der Vorteil bei teilstrukturierten Experteninterviews in der Möglichkeit, die persönliche Sichtweise des Experten zu reflektieren und aufzuzeigen (vgl. Lamnek 2005, 330ff).

Ich habe im Vorfeld Interviewfragen formuliert, die ich an verschiedene Mitarbeiter gestellt habe, welche langjährige Erfahrungen mit dem SIT-Modell besitzen und mit diesem Konzept derzeitig arbeiten. Die hier zusammengefassten wesentlichen Aussagen der befragten Mitarbeiter lassen sich aus den Interviewprotokollen ableiten.

Aufgrund der gewünschten Anonymisierung aller Befragten werden im Folgenden keine einzelnen Verweise zu den durchgeführten Interviewpartnern gegeben.

Ein breiter Konsens lässt sich bei den Befragten bezüglich der Beurteilung finden, welche Neuerungen sie an dem Konzept der systemischen Interaktionstherapie in Bezug auf ihre bisherigen praktischen und therapeutischen Erfahrungen ausgemacht haben. Hier bleibt festzuhalten, dass nach diesem Konzept nicht nur die problemauslösenden Symptome des Kindes betrachtet werden, sondern (als Neuerung) das System als ganzes betrachtet wird, um Veränderungen bei dem Kind auslösen zu können. Als Neuerung wurde ebenfalls die veränderte Haltung der Helfer von den Befragten beschrieben. Demnach sind Helfer im SIT-Modell nicht so entscheidend für die Entwicklung des Kindes verantwortlich, sondern die Eltern nehmen im Hilfeprozess die wichtigste Rolle ein und bleiben in der Verantwortung ihrer Kinder. Hierbei müssen Helfer ständig die eigene Rolle hinterfragen, um nach dem SIT-Modell agieren zu können, was in der bisherigen praktischen Anwendung nicht praktiziert wurde. Als Neuerung wurde ebenfalls die Grundannahme des Konzepts genannt, dass Eltern bei Problemen mit ihren Kindern häufig in Zwängen und Mustern stehen und diese keinen Teil ihrer Persönlichkeit bilden. Diese Zustände werden im SIT-Konzept als veränderbar angenommen. Als zentraler neuer Gedanke im SIT-Modell ist des Weiteren das Ziel der Rückführung der Kinder zu den Eltern zu nennen.

Prinzipielle Einigkeit besteht bei den befragten Mitarbeitern auch bei der Frage, welche Rahmenbedingungen in einem stationären Setting gegeben sein müssen, um das Konzept erfolgreich in den Arbeitsalltag implementieren und umsetzen zu können. Als oberstes Gebot erweist sich hier, dass sich alle Mitarbeiter intensiv mit dem Konzept auseinandergesetzt haben bzw. stetig auseinandersetzen. In diesem Zusammenhang erscheint die Absolvierung des zweijährigen Einführungskurses als Grundvoraussetzung, um das Konzept verstehen und umsetzen zu können. Neuen Mitarbeitern müssen also Zeit und Bedingungen bereitgestellt bzw. gegeben werden, um sich im Sinne der Heimerziehung nach dem SIT-Modell entwickeln und Verständnis für das SIT-Konzept erlangen zu können. Die Einrichtung sollte ausreichende Räumlichkeiten aufweisen und bereitstellen, um einen intensiven Austausch untereinander zu ermöglichen. Als weitere Rahmenbedingung für die Umsetzung des Konzeptes in einem stationären Setting zeigt sich, dass die Rollenzuweisungen bekannt sind und Mitarbeiter ihre Haltung ständig reflektieren. Flexibilität der Mitarbeiter ermöglicht spontanes und situatives Handeln, welches zur erfolgreichen Umsetzung des Konzeptes ebenfalls unabdingbar ist.

Etwas differenzierter ist das Bild, welche Inhalte und Methoden des Konzeptes durch die Mitarbeiter gut umgesetzt werden können. Grundsätzlich zeigt die durchgeführte Erhebung, dass im Besonderen die Musterarbeit (vgl. Kap. 3.6) und das Pacen (vgl. Kap. 3.7.4) gut umgesetzt werden können. Die Musterarbeit setzt allerdings voraus, dass die Rollenzuweisungen jedes Mitwirkenden bekannt sind und eine Kooperation mit dem Jugendamt gegeben ist. Hierbei muss das Jugendamt eine Zielvorgabe geben, so dass die Helfer den Eltern dabei unterstützend zur Seite stehen können. Schwierigkeiten ergeben sich mitunter bei der Problemtrancearbeit, da man schnell der Gefahr gegenübersteht, selbst in eine Trance zu geraten. Hier bietet sich eine verstärkte Teamarbeit als Lösungsweg an, d. h. die Problemtrancearbeit wird von zwei Mitarbeitern durchgeführt und das gesamte Team wird anschließend miteinbezogen, sodass eine gemeinsam Reflexionsphase (durch Rollenspiele oder Live-Coaching) stattfinden und gemeinsam eine Lösung erarbeitet werden kann.

Im pädagogischen Alltag, so ist Konsens der befragten Mitarbeiter, wird das Abgabemuster bedient. Demnach muss eine ständige Reflexion der eigenen Haltung stattfinden, u. a. durch Rollenspiele, um nicht wieder in alte Muster zu verfallen. Hierzu muss das Abgabemuster klar abgegrenzt werden, so dass die Helfer eben nur eine unterstützende Rolle einnehmen und die Eltern in der Verantwortung für ihre Kinder verbleiben. Im pädagogischen Alltag muss versucht werden, die Allparteilichkeit zu bewahren und die Erziehung der Kinder den Eltern zu überlassen. Weiterhin gilt es in diesem Zusammenhang, die Rollenspiele innerhalb des Teams konsequenter durchzuführen, um den Rückschritt in alte Muster zu vermeiden bzw. zu verhindern.

Die am häufigsten auftretenden Konflikte im Interaktionssystem zwischen Zuweiser – Klient – Helfer sind fehlende Rollenklärungen. Durch unklare Rollenzuweisungen entstehen Konflikte in der Musterarbeit, welche für den Verlauf des Hilfeprozesses aber unabdingbar sind. Häufig haben Jugendämter keine hinreichende Kenntnis über das SIT-Konzept, so dass zwangsläufig in der Folge unklare Rollenzuweisungen bestehen. Demnach müssen Jugendämter mit dem Ansatz des SIT-Modells vertraut und über die neue Hilfeform besser informiert werden. Konflikte lassen sich vermeiden, wenn die Rollenklärung definiert ist und das Jugendamt die Zielvorgaben nennt, also eine richtungsweisende Rolle einnimmt und die Helfer nur unterstützend agieren. Klare Rollenzuweisungen müssen hinreichend Beachtung finden und stellen im Zusammenhang mit dem SIT-Konzept Besonderheiten im Kontext der Heimerziehung dar.

Das Abgabemuster wird nach Aussagen der befragten Mitarbeiter im pädagogischen Alltag durch intensive Beziehungen mit den Kindern automatisch bedient. Aufgabe der Helfer ist es zwar, dieses zu vermeiden, aber im eingetretenen Fall den Eltern zu verdeutlichen, dass dieses nur vorübergehend erfolgt.

Es muss verdeutlicht werden, dass nur die Eltern in der Lage sind, bestimmte Situationen zu verändern und die Helfer in diesem Zusammenhang nur eine unterstützende Rolle einnehmen können. Eltern sollen nicht in den Glauben versetzt werden, dass Helfer die Probleme lösen können.

Das Konstrukt des Zwangskontextes drückt sich im pädagogischen Alltag oft durch Scheinkooperationen aus, so einige Meinungen der befragten Mitarbeiter. Es fehlt häufig an der Bereitschaft der Eltern, wirklich etwas verändern zu wollen und die Hilfe wird nur im Zusammenhang durch den „Druck von Außen" – also des Zuweisers – aufgenommen. Daher werden vielfältig vereinbarte Termin zwischen Helfern und Eltern einseitig, durch die Eltern, nicht wahrgenommen. Gerade aber im Zwangskontext bedarf es eines intensiven Austausches und der Auseinandersetzung mit den Eltern, damit die Helfer unterstützend agieren können.

Das Konzept bietet eine Vielzahl von Leitlinien und Vorgaben, um in der Praxis bestehen zu können. Nach Ansicht eines Befragten ist das Konzept bislang jedoch zu sehr auf den stationären Bereich ausgerichtet und sollte in Zukunft stärker auf die Belange ambulanter Hilfeeinrichtungen ausgerichtet werden. Durch Erfahrungen aus bestimmten Problemsituationen, die in der Praxis gesammelt werden, wird situativ nach neuen Lösungen gesucht, so dass sich das Konzept automatisch verändert bzw. weiterentwickelt und so die Konzeptbedingungen an die Realität angepasst werden. Wünschenswert ist eine weitere Flexibilisierung (z. B. des Stundenkontingentes), um den Dienst und anfallende Elterngespräche zu zweit verrichten zu können, so dass das SIT-Modell optimal umzusetzen ist. Auch ist die Teamzeit nicht immer ausreichend für intensive Gespräche unter den Mitarbeitern. Allerdings sind dies keine generellen Anforderungen an neue oder erweiterte Konzeptbedingungen, sondern lediglich subjektive Meinungen der Befragten einer Einrichtung, die nach dem SIT-Modell arbeiten.

Die Befragten sind sich grundsätzlich einig, dass das Konzept der systemischen Interaktionstherapie als ein Zukunftsmodell der modernen Heimerziehung zu begreifen ist. Folgende Aufzählung enthält die wesentlichen

Aussagen, die zu dieser Annahme führen: Ja, das Konzept der systemischen Interaktionstherapie ist als Zukunftsmodell der modernen Heimerziehung zu sehen, weil:

1. die Bindung/Beziehung zwischen Eltern und Kind so stark ist, dass die Arbeit mit den Eltern absolut nötig ist.
2. die veränderte Haltung der Mitarbeiter dazu beiträgt, die Rolle der Eltern zu verdeutlichen und das SIT-Modell somit eine langfristige Heimunterbringung vermeidet.
3. Scheinkooperationen durch die Musterarbeit vermieden werden können.
4. die klassische Heimerziehung nicht finanzierbar ist und das SIT-Modell keine langfristige Unterbringung vorsieht.
5. SIT nachhaltig ist, da Veränderungen geschaffen werden und diese bei wiederkehrenden Problemen erneut aufgegriffen werden können.
6. jeder Mensch Fähigkeiten besitzt, sein problemorientiertes Verhalten durch unterstützende Maßnahmen der Helfer zu verändern.
7. es das System als ganzes betrachtet, um gestörte Interaktionen zwischen Eltern und Kind zu beseitigen.
8. sich die Jugendhilfelandschaft durch das SIT-Modell positiv verändert, so dass System-Interaktionsberater befähigt werden, in Zukunft das SIT-Modell anderen näher zu bringen.
9. Störungen bei Interaktionen zwischen Eltern und Kindern nicht mehr darauf zurückgeführt werden, dass die Eltern nicht wollen, sondern dass die Eltern momentan keine Idee haben, die Interaktionen zu verändern und so die Helfer unterstützend eingreifen können.

5. Fazit

Ich habe mich in der vorliegenden Arbeit mit der Systemischen Interaktionstherapie (SIT) im Kontext der Heimerziehung beschäftigt und an einem
Beispiel aus der Praxis aufgezeigt, wie die Systemische Interaktionstherapie
als neues Konzept der Heimerziehung umgesetzt werden kann. Als wesentlich für die Entwicklung und die Etablierung dieses neuen Konzeptes ist
das Verständnis einer modernen Heimerziehung anzusehen, welches neue
Formen stationärer Jugendhilfe bis zur Integration ambulanter und mobiler
Maßnahmen im Angebot der Heimerziehung zulässt und darüber hinaus nicht
nur familienorientiert arbeitet, sondern den Eltern der betroffenen Kinder
einen Weg aufzeigt, ihrer erzieherischen Verantwortung gewahr werden zu
können.

Während das Ansehen der Heimerziehung in der breiten Öffentlichkeit eher
mit negativen Vorstellungen belastet scheint und auch die Forschungsliteratur
nicht nur von positiven Entwicklungen in der Heimerziehung der letzten
Jahrzehnte zu berichten weiß (vgl. Blumenberg; Schrapper o.J., 454ff), wird
in dieser Arbeit von einem positivem Bild der Heimerziehung ausgegangen.
Dabei soll nicht in Abrede gestellt werden, dass negative Fallbeispiele existieren, sie konnten im Rahmen dieser Arbeit aber nicht nachvollzogen werden.
In diesem Zusammenhang muss jedoch eingeräumt werden, dass der hier
vollzogene Blick auf die Praxis der Heimerziehung ein äußerst subjektiver
ist (und somit nicht prinzipiell übertragbar), da dieser sich auf eine konkrete
Einrichtung, nämlich das Ev. Kinderheim Jugendhilfe Herne & Wanne-Eickel
gGmbH, bzw. dessen Umsetzung des SIT-Konzeptes, gerichtet hat. Festzuhalten bleibt also an dieser Stelle, dass die Heimerziehung sich weiterhin um ein
positives Image bemühen muss. Hierzu wollte die vorliegende Arbeit einen
Beitrag leisten.

Charakteristisch für die hier vorgestellte Systemische Interaktionstherapie
ist, dass sie das im Heim untergebrachte Kind als Mitglied des „Systems"
Familie begreift und die Eltern in ihrer „ursprünglichen" Funktion, nämlich

als Erziehungsberechtigte ihrer Kinder, konsequent ansprechen will. Dies ist in einem Kontext, in welchem den Eltern diese Funktion bzw. die nötige Kompetenz für deren Ausführung abgesprochen wurde, als neue Perspektive zu begreifen. Das Innovative an SIT zeigt sich also u. a. darin, die „natürlichen" Familienverhältnisse und gegebenen Rollen zu akzeptieren und so zu festigen, dass die betroffenen Familien ihre „natürlichen" Rollen in adäquater Weise an- und wahrnehmen können, die Eltern also letztendlich ihre erzieherische Funktion angemessen ausüben können. Das SIT-Modell basiert demnach auf einer konsequenten Weiterentwicklung der Leitidee, Eltern als Eltern ihrer Kinder wertzuschätzen, d. h. sie als Experten ihrer Kinder zu sehen.

Eine weitere Besonderheit des SIT-Konzeptes, die mit dem o.g. Verständnis der Funktion der Eltern einhergeht, betrifft die Definition der Helferrolle. Traditionell wird diese in der Erziehung der Kinder und Beratung der Eltern gesehen. Im Verständnis der modernen Heimerziehung bzw. der Systemischen Interaktionstherapie sind die Helfer „Coaches" der Eltern. Damit behaupten die Eltern, wie bereits angesprochen, ihre Eltern- bzw. Erziehungsrolle und erhalten über bestimmte Interaktionsmethoden (die sog. Musterarbeit des SIT-Modells) Hilfe und Unterstützung, ihre Elternpräsenz v. a. in Problemsituationen zeigen zu können.

Das SIT-Modell versteht sich als kurz- bzw. mittelfristiges Angebot der Erziehungshilfe, das als grundlegendes Ziel die Rückführung des Kindes in die Familie (s. u.) nennt. Die Basis der Systemischen Interaktionstherapie fußt zum einen auf strukturiert methodischen Ansätzen systemischen Arbeitens und zum anderen auf einer wertschätzenden allparteilichen Grundhaltung. Der Ansatz dieses Konzeptes lässt sich in verschiedensten Problemsituationen bzw. Settings systemischer Therapie und Beratung anwenden. SIT ermöglicht den Aufbau konstruktiver Arbeitsbeziehungen und positiver Entwicklungen zu den Eltern, besonders im Zusammenspiel der Jugendhilfe. In diesem Modell werden die Auffälligkeiten und Probleme der Kinder als Ausdruck von Rollenzuweisungen sowie Beziehungsmustern im System erklärt. Das Konzept geht davon aus, dass zur Entstehung bzw. Aufrechterhaltung der Probleme neben den Beziehungsmustern in der Herkunftsfamilie insbesondere auch die Interaktionsmuster zwischen der Familie und ihrem Umfeld beigetragen haben und zeigt hier problemorientierte Lösungen auf. Grundlegende Inhalte des SIT-Modells beziehen sich auf die Interaktions- und Beziehungsmuster im professionellen Kontext. Dazu gehören bspw. die Kommunikationsstrukturen im Team sowie Muster zwischen differenzierten Rollenebenen innerhalb von Institutionen. So werden im SIT-Modell mit Hilfe einer systemischen Mikroanalyse die problemdeterminierten Knotenpunkte im Beziehungsgeflecht der Familie, zwischen der Familie und ihrem Umfeld sowie zwischen Mitarbeitern professioneller Systeme bestimmt. Die dabei festgestellten problemstabilisierenden Schlüsselszenen werden schließlich gemeinsam in konsequenter Weise bearbeitet, wobei die Beteiligten in Rollenspielen Interaktionsformen zur Problemlösung entwickeln und diese in den Alltag implementieren können.

In der Einrichtung Ev. Kinderheim Jugendhilfe Herne & Wanne-Eickel gGmbH kann die systemische Interaktionstherapie im pädagogischen Alltag, insbesondere in der Triangel-5-Tage-Gruppe sowie im Eltern-Kind-Appartment als eigenständiges Jugendhilfeangebot von Kindern und ihren Eltern wahrgenommen werden. Der flexible, auf die spezifische Familienproblematik abgestimmte Arbeitsansatz zeigt dabei als Grundannahme, dass Probleme in den Familien durch charakteristische, zirkulär kognitive, emotionale und verhaltensbezogene, individuelle sowie interindividuelle Muster entstehen, die allesamt miteinander verbunden sind. Im pädagogischen Alltag werden diese Muster konsequent aufgezeigt und reflektiert – mit dem Ziel, dass die Familien ihre Probleme nicht als gegeben hinnehmen, sondern diese als veränderbar bzw. lösbar erleben.

Als Voraussetzung für einen aktiven konstruktiven Arbeitsprozess gilt dabei der Wille der Beteiligten, insbesondere der Eltern, zur aktiven Mitgestaltung des Hilfeprozesses. Ausgewiesenes Ziel der Triangel-5-Tage-Gruppe bzw. des Eltern-Kind-Appartments ist die tragfähige Bindung der Eltern zu den Kindern bzw. deren Reaktivierbarkeit, die letztendlich dazu führen soll, dass die betroffenen Familien auf ein langfristiges stationäres Hilfeangebot verzichten können. Wie die vorliegende Arbeit darlegen konnte, scheint sich das Modell der Systemischen Interaktionstherapie in diesem Zusammenhang als erfolgsversprechendes Hilfeangebot zu erweisen.

So kann die stationäre Aufnahme der Triangel-5-Tage-Wohngruppe bzw. des Eltern-Kind-Appartments nicht nur als wertvolle Chance für Familien begriffen werden, nicht funktionierende Erziehungsmuster durch funktionierende ersetzen zu können, sondern auch als erfolgsversprechende Aussicht auf ein selbstständig geführtes und funktionierendes Familienleben. Wie bereits erwähnt, sieht die Systemische Interaktionstherapie die Rückkehr des Kindes in die Familie als ihr Ziel an. Allerdings hat die praktische Erfahrung der Heimerziehung hier gezeigt, dass die Zielformulierung „Rückführung in die Familie" häufig als zu einsichtig und absolut angewandt wird. Das SIT-Konzept verfolgt daher diese Zielsetzung nicht in dogmatischer Weise, da es das Hilfeangebot als erzieherischen Prozess betrachtet, in welchem sich Ziele verändern und zu neuen Lösungen führen können, welche der aktuellen Situation der Familie evtl. besser entsprechen. So zeigt sich im pädagogischen Alltag der Auftrag, die aufgestellten Zielsetzungen regelmäßig zu überprüfen und im gegebenen Fall evtl. neue Vereinbarungen zu treffen.

Als grundlegend gilt dabei, dass die Erziehungsziele für alle Beteiligten stets explizierbar und bewusst sind, damit die erzieherischen Angebote und Leistungen zielorientiert erfolgen und sich im Ganzen als sinnvoller erzieherischer Prozess erweisen. Dies wiederum setzt voraus, dass die Rollenzuweisungen klar bekannt sind, d.h. nicht nur die Eltern bzw. Empfänger der Hilfe nehmen ihre Rolle an und wahr, sondern auch die Zuweiser sind sich ihrer Rolle bewusst. Hier erscheint es als unabdingbar, dass nicht nur die Mitarbeiter des Heims die Systemische Interaktionstherapie in der Praxis konsequent umsetzen, sondern dass auch die Mitarbeiter des Jugendamtes mit den Annahmen des SIT-Modells vertraut sind. Wenn alle Beteiligten bereit sind, die Ansichten der Systemischen Interaktionstherapie zu vertreten bzw. das Konzept gemeinsam zu tragen, kann dieses erfolgreich im pädagogischen Alltag implementiert werden. In diesem Zusammenhang muss geklärt sein, welche Hilfe die Helfer benötigen, um eine Haltung einnehmen zu können, die sich im Einklang mit der Sichtweise des SIT-Modells verhält. Wie die vorliegende Arbeit dargelegt hat, zeigt sich die Arbeit der Mitarbeiter an der eigenen Haltung mitunter als langwieriger Prozess, deren Ergebnis immer wieder der Prüfung bedarf. Um einer Überforderung der Mitarbeiter bei dieser bisweilen äußerst anspruchsvollen Aufgabe entgegenzuwirken und die langfristige Sensibilität für die Annahmen des Modells zu erreichen, sieht das SIT-Konzept entsprechende Weiterbildungen, regelmäßiges Feedback u. a. für die pädagogischen Fachkräfte vor.

Es ist zu vermuten, dass die Systemische Interaktionstherapie zukünftig entscheidend an Effizienz gewinnen kann, wenn die oben aufgeführten Kriterien konsequent beachtet werden und damit ihr vorliegendes Potential, das aufgrund meiner persönlichen Recherche im Rahmen dieser Arbeit und meiner praktischen Erfahrungen als „Triangel"-Mitarbeiterin als sehr hoch eingeschätzt wird, immer besser ausschöpfen kann. Das Konzept der Systemischen Interaktionstherapie kann in diesemSinne als Zukunftsmodell der modernen Heimerziehung betrachtet werden. Zu dieser Schlussfolgerung kommen auch die Mitarbeiter des Ev. Kinderheims Herne, welche sich dem im Rahmen dieser Arbeit von mir durchgeführten Interview zum SIT-Modell zur Verfügung stellten. Es wurde deutlich, dass die befragten Mitarbeiter das SIT-Konzept u. a. als nachhaltiges Hilfeangebot verstehen, welches die Rolle der Eltern verdeutlicht. Unter anderem werden hierdurch die Interaktionen zwischen Eltern und Kind verbessert, so dass eine langfristige Heimunterbringung vermieden werden kann.

6. Fußnoten

[1] *Die verwendete männliche Form bezieht selbstverständlich die weibliche Form mit ein. Auf die Verwendung beider Geschlechtsformen wird lediglich im Blick auf die bessere Lesbarkeit des Textes verzichtet.*

[2] *Wolf führt hier allerdings an, dass ein System angemessener Bezeichnungen nicht existiere, da die o.g. Begriffe nicht exklusiv für die Beschreibung der Kinder- und Jugendhilfe verwendet werden. So findet sich bspw. der Begriff „Wohngruppe" auch im Strafvollzug, wo vom sog. Wohngruppenvollzug die Rede sei (vgl. Wolf 1995, 7).*

[3] *Das Sozialgesetzbuch (SGB) VIII, das am 3. Oktober 1990 in den neuen Bundesländern und am 1. Januar in den alten Bundesländern in Kraft trat, beinhaltet das Kinder- und Jugendhilferecht. Der in der Praxis der Kinder- und Jugendhilfe gebräuchlichen Verwendung der Bezeichnung KJHG für das Kinder- und Jugendhilferecht (vgl. Günder 2007, 38), wird in dieser Arbeit gefolgt.*

[4] *Die Stärkung der örtlichen Jugendhilfe ist zurückzuführen auf die Auflösung der freiwilligen Erziehungshilfen und der Fürsorgeerziehung, für welche die Landesjugendämter im Allgemeinen zuständig waren (vgl. Münder 1996, 15).*

[5] *Das Forschungsprojekt JULE (Jugendhilfeleistungen) ist eine durchgeführte Evaluationsstudie über den Erfolg von stationären sowie teilstationären Erziehungshilfen. Die Studie liefert einen wichtigen Beitrag zur Frage der Effektivität von Erziehungshilfen u. a. in Heimen, weil sie zum einen die Wirksamkeit der Erziehungshilfen untersucht, zum anderen aber die Bedingungen dessen Wirksamkeit nicht außer Acht lässt. Ziel ist es, differenzierte Leistungspotentiale verschiedener Erziehungsformen darzustellen und den Ertrag für die betroffenen Kinder zu bewerten (vgl. Kormann 2006, 63).*

7. Literatur

ABEL, Detlef (2000): Reader Grundlagen Systemischer Therapie. Online im Internet unter: http://www.grin.eom/e-book/109872/grundlagen-systemischer-therapie, [Stand 13.12.2008].

ALMSTEDT, Matthias; MUNKWITZ, Barbara (1982): Ortsbestimmung der Heimerziehung. Geschichte, Bestandsaufnahme, Entwicklungstendenzen. Weinheim und Basel.

BAUR, Dieter u. a. (1998): Leistungen und Grenzen von Heimerziehung. Ergebnisse einer Evaluationsstudie stationärer und teilstationärer Erziehungshilfen. Stuttgart:

BIENE, Michael (2003): Vorbemerkung zum Auswertungsbericht. Geschichte des Triangelkonzeptes. Online im Internet unter: http://sozialwesen.fh-potsdam.de/uploads/media/Kontakte_Spezial_2003-11_Triangel-Elternaktivierung.pdf [Format: PDF, Stand 08.11.2008].

BIENE, Michael (2005): Systemische Interaktionstherapie. Skript Einführungsseminar. Unveröffentlichte Form.

BIENE, Michael (2008): Systemische Interaktionstherapie. Skript Einführungsseminar. Unveröffentlichte Form.

BIRTSCH, Vera; MÜNSTERMANN, Klaus; TREDE, Wolfgang (Hrsg./2001): Handbuch Erziehungshilfen. Leitfaden für Ausbildung, Praxis und Forschung. Weinheim; München.

BLUMENBERG, Franz-Jürgen; SCHRAPPER, Christian 1997: Heimerziehung. In: DEUTSCHER VEREIN FÜR ÖFFENTLICHE UND PRIVATE FÜRSORGE (Hrsg./1997): Fachlexikon der sozialen Arbeit. 4. Aufl. Frankfurt a.M.: Eigenverlag.

BÖRSCH, Bettina; CONEN, Marie-Luise (Hrsg./1987): Arbeit mit Familien von Heimkindern. Dortmund.

BUNDESMINISTERIUM FÜR FRAUEN, SENIOREN, FAMILIE UND JUGEND (Hrsg./1998): Leistungen und Grenzen von Heimerziehung. Ergebnisse und Evaluationsstudie stationärer und teilstationärer Erziehungshilfen. Band 170. Stuttgart; Berlin; Köln.

BUNDESMINISTERIUM FÜR FRAUEN, SENIOREN, FAMILIE UND JUGEND (Hrsg./2007): Sozialgesetzbuch (SGB). Achtes Buch (VIII). Gesetz zur Neuordnung des Kinder- und Jugendhilferechts. (Artikel 1 des Gesetzes vom 26. Juni 1990. BGBl.1S. 1163) zuletzt geändert durch Artikel 5 des Gesetzes vom 19. Februar 2007 (BGBLIS122).

BÜRGER, Ulrich (o.J.): Heimerziehung, In: BIRTSCH, Vera; MÜNSTERMANN, Klaus; TREDE, Wolfgang (Hrsg./2001): Handbuch Erziehungshilfen. Leitfaden für Ausbildung, Praxis und Forschung. Weinheim; München S. 632–663.

CONEN, Marie-Luise (o.J.): Anforderungen an Elternarbeit in der Heimerziehung. In: SOZIALE ARBEIT (1990): 7, S. 242–252. Online im Internet unter: http://www. context-conen.de/artikel/Artikel-Anforderungen-an-Elternarbeit-in-der-Heimerziehung.pdf, [Format: PDF, Stand 08.11.2008].

CONEN, Marie-Luise (1987): Heimmitarbeiter-Elternarbeit-Hindernisse. In: BÖRSCH, Bettina; CONEN, Marie-Luise (Hrsg./1987): Arbeit mit Familien von Heimkindern. Dortmund S. 24–79.

CONEN, Marie-Luise (1991): Eine systemische Sicht der Familienarbeit in der Heimerziehung und in der sozialpädagogischen Familienhilfe. In: EVANGELISCHE JUGENDHILFE (Hrsg./1991): Heft 4, S.11–16.

CONEN, Marie-Luise (1992): Familienorientierung als Grundhaltung in der stationären Erziehungshilfe. Dortmund.

DEUTSCHER VEREIN FÜR ÖFFENTLICHE UND PRIVATE FÜRSORGE (Hrsg.2002): Fachlexikon der sozialen Arbeit. 5 Aufl. Frankfurt a.M.

ERHARDT, A (2002): Methoden der Sozialarbeit. In: DEUTSCHER VEREIN FÜR ÖFFENTLICHE UND PRIVATE FÜRSORGE (Hrsg. 2002): Fachlexikon der sozialen Arbeit. 5 Aufl. Frankfurt a.M.

EVANGELISCHE JUGENDHILFE (Hrsg./1991): Heft 4.

EVANGELISCHES KINDERHEIM JUGENDHILFE Herne & Wanne-Eickel gGmbH (2004a): Beschreibung der Einrichtung. Online im Internet unter: http://www.ev-kinderheim-herne.de/unsere_einrichtung.html, [Stand 15.12.2008].

EVANGELISCHES KINDERHEIM JUGENDHILFE Herne & Wanne-Eickel gGmbH (2004b): Grundsätze unseres Handelns. Online im Internet unter: http://www.ev-kinderheim-herne.de/unsere_einrichtung2.html, [Stand 15.12.2008].

EVANGELISCHES KINDERHEIM JUGENDHILFE Herne & Wanne-Eickel gGmbH (2004c): Grundsätze unseres Handelns. Qualitätspolitik. Online im Internet unter: http://www.ev-kinderheim-herne.de/unsere_einrichtung2.html, [Stand 15.12.2008].

EVANGELISCHES KINDERHEIM JUGENDHILFE Herne & Wanne-Eickel gGmbH (2004d): Leitbild. Online im Internet unter: http://www.ev-kinderheim-herne.de/leitbild.html, [Stand 15.12.2008].

EVANGELISCHES KINDERHEIM JUGENDHILFE Herne & Wanne-Eickel gGmbH (2005a): Konzeptionelle Kurzdarstellung. Online im Internet unter: http://www.ev-kinderheim-herne.de/24konz_kurzdarst.htm, [Stand 15.12.2008].

EVANGELISCHES KINDERHEIM JUGENDHILFE Herne & Wanne-Eickel gGmbH (2005b): Flexible Erziehungshilfe. Online im Internet unter: http://www.ev-kinderheim-herne.de/15flexible_heister62/konzept.html, [Stand 15.12.2008].

EVANGELISCHES KINDERHEIM JUGENDHILFE Herne & Wanne-Eickel gGmbH (2007a): Konzeption der Elternaktivierung/Triangel ambulant. Online im Internet unter: http://www.ev-kinderheim-herne.de/17triangel/konzept.html, [Stand 15.12.2008].

EVANGELISCHES KINDERHEIM JUGENDHILFE Herne & Wanne-Eickel gGmbH (2007b): Konzeption der Triangel-Wohngruppe. Online im Internet unter: http://www.ev-kinderheim-herne.de/25triangel_wohngruppev/konzept.html, [Stand 15.12.2008].

EVANGELISCHES KINDERHEIM JUGENDHILFE Herne & Wanne-Eickel gGmbH (2007c): Triangel-Gruppe - Eltern.Kind-Appartment. Online im Internet unter: http://www.ev-kinderheim-herne.de/52triangel_gruppe_eltern_kind_appartment/konzept.html, [Stand 15.12.2008].

FOERSTER, Heinz v. (1988): Abbau und Aufbau. In: SIMON, Fritz B. (Hrsg./1997): Lebende Systeme. Wirklichkeitskonstruktionen in der Systemischen Therapie. Frankfurt a. M. S. 19–33.

GÜNDER, Richard (2003): Praxis und Methoden der Heimerziehung. Freiburg im Breisgau.

GÜNDER, Richard (2007): Praxis und Methoden der Heimerziehung. Entwicklung, Veränderungen und Perspektiven der stationären Erziehungshilfe. 3. Aufl. Freiburg im Breisgau (3. völlig neubearb. Aufl.).

HAMBERGER, Matthias (1998): Erzieherische Hilfen im Heim. In: BUNDESMINISTERIUM FÜR FRAUEN, SENIOREN, FAMILIE UND JUGEND (Hrsg./1998): Leistungen und Grenzen von Heimerziehung. Ergebnisse und Evaluationsstudie stationärer und teilstationärer Erziehungshilfen. Band 170. Stuttgart; Berlin; Köln

KOHLNEY, Caroline (2001): NLP in der sozialen Arbeit. Ein Praxis Handbuch. Paderborn.

KONRAD, Franz-Michael; LIEGLE, Ludwig (2001): Kindheit und Familie. Beiträge aus interdisziplinärer und kulturvergleichender Sicht. Münster.

KORMANN, Georg (2006): Ehemalige im Kinderdorf. – Innerseelische Situation und Persönlichkeitsentwicklung von Kindern und Jugendlichen in einer Einrichtung der stationären Jugendhilfe. München.

KREFT, Dieter; MIELENZ, Ingrid (Hrsg./2008): Wörterbuch Soziale Arbeit. Aufgaben, Praxisfelder, Begriffe und Methoden der Sozialarbeit und Sozialpädagogik. 6. Aufl. Weinheim S. 421.

KRÜGER, Heinz-Hermann; RAUSCHENBACH, Thomas (Hrsg./1995): Einführung in die Arbeitsfelder der Erziehungswissenschaft. 5. Aufl. Band IV. Opladen.

KRÜGER, Heinz-Hermann; GRUNERT, Cathleen (Hrsg./2002): Handbuch Kindheits- und Jugendforschung. Opladen S. 702–719.

LAMNEK, Siegfried (2005): Qualitative Sozialforschung. Lehrbuch. 4. Aufl. Weinheim; Basel (4. vollständig überarb. Aufl.).

LUHMANN, Niklas (2001): Einführung in die Systemtheorie. Heidelberg.

MÜNDER, Johannes (1996): Einführung in das Kinder und Jugendhilferecht. Münster.

MÜNDER, Johannes u. a. (2003): Frankfurter Kommentar zum SGB VIII. Kinder- und Jugendhilfe. 4. Aufl. Weinheim; Berlin; Basel (5., vollst, überarb. Auflage, 2006).

MÜNSTERMANN, Klaus (1990): „Heimerziehung" ist ein konzeptioneller Begriff. In: INTERNATIONALE GESELLSCHAFT FÜR HEIMERZIEHUNG (IGfH/Hrsg.): Heimerziehung in der Bundesrepublik Deutschland. Materialien zum Ost-West-Begegnungskongreß der Internationalen Gesellschaft für Heimerziehung in Berlin, S. 24–25.

POST, Wolfgang (1997): Erziehung im Heim. Perspektiven der Heimerziehung im System der Jugendhilfe. Weinheim; München.

ROSENBAUER, Nicole (2008): Gewollte Unsicherheit? Flexibilität und Entgrenzung in Einrichtungen der Jugendhilfe. Weinheim.

SCHAUDER, Thomas (2003): Heimkinderschicksale. Falldarstellungen und Anregungen für Eltern und Erzieher problematischer Kinder. Weinheim; Basel; Berlin

SCHINDLER, Hans (Hrsg./1999): Un-heimliches Heim. Von der Familie ins Heim und zurück!?! Familientherapeutische und systemische Ideen für die Heimerziehung. 2 Aufl. Dortmund.

SCHLIPPE, Arist v.; SCHWEITZER, Jochen (2007): Lehrbuch der systemischen Therapie und Beratung. 10. Aufl. Göttingen.

SIMON, Fritz B. (Hrsg./1997): Lebende Systeme. Wirklichkeitskonstruktionen in der Systemischen Therapie. Frankfurt a. M.

SOZIALPÄDAGOGISCHES INSTITUT IM SOS-KINDERDORF e.V.(Hrsg./2000): Zurück zu den Eltern? Praxisband 2. München.

SÜNKER, Heinz; SWIDEREK, Thomas (o.J.): Kinder, Politik und Kinderpolitik. In: KRÜGER, Heinz-Hermann; GRUNERT, Cathleen (Hrsg./2002): Handbuch Kindheits- und Jugendforschung. Opladen S. 702–719.

TAUBE, Kathrin (o.J.): Von der Elternarbeit zur systemischen Familienarbeit in der Heimerziehung. In: SOZIALPÄDAGOGISCHES INSTITUT IM SOS-KINDERDORF e.V.(Hrsg./2000): Zurück zu den Eltern? Praxisband 2. München. S. 16–73.

TISCHNER, Wolfgang (o.J.): Heimerziehung. Online im Internet unter: http://www. sgbviii.de/S113.html, [Stand 13.12.2008].

TOMM, Karl (1984): Der Mailänder familientherapeutische Ansatz – ein vorläufiger Bericht. In: Zeitschrift für Systemische Therapie 1 (4), S. 1–24.

TREDE, Wolfgang; WINKLER, Michael (1995): Stationäre Erziehungshilfen: Heim, Wohngruppe, Pflegefamilie, In: KRÜGER, Heinz-Hermann; RAUSCHENBACH, Thomas (Hrsg./1995): Einführung in die Arbeitsfelder Erziehungswissenschaft. 5. Aufl. Band IV. Opladen. S. 219–234.

TREDE, Wolfgang (2001): Heimerziehung in Europa. Stellenwert und Trends der stationären Erziehungshilfen im europäischen Vergleich. In: KONRAD, Franz-Michael; LIEGLE, Ludwig (2001): Kindheit und Familie. Beiträge aus interdisziplinärer und kulturvergleichender Sicht. Münster. S. 161–178.

WILLKE, Helmut (1993): Systemtheorie. 4. Aufl. Stuttgart.

WOLF, Klaus (1995): Entwicklungen in der Heimerziehung. 2. Aufl. Münster.

Motopädagogisches
Arbeiten
im Rahmen einer
individualpädagogischen
Krisenintervention
im Kontext der
stationären
Intensivpädagogik

1. Einleitung

Die vorliegende Abhandlung beschäftigt sich mit einer individualpädagogischen Krisenintervention im Rahmen der stationären Jugendhilfe. Ich gehe davon aus, dass ich im Verlauf dieser aufzeigen kann, dass die Motopädagogik im intensivpädagogischen Kontext sinnvoll und wirksam ist. Ich beziehe mich bewusst auf eine akute Krise, zu deren Minimierung die dargestellte Maßnahme maßgeblich beigetragen hat. Hiermit möchte ich darlegen, dass die Psychomotorik[1] nicht beschränkt ist auf präventive Übungseinheiten oder die Örtlichkeit der Turnhalle, sondern immer und überall in der Pädagogik Platz finden kann. Ziel des Textes ist es aufzuzeigen, dass es so möglich ist, den jungen Menschen im Sinne der Ganzheitlichkeit zu fördern.

Im ersten Teil meiner Arbeit geht es darum, die Wohngruppe und die Jugendliche zu beschreiben, damit eine Einordnung der biographischen Geschichte, des derzeitigen Lebenskontextes und der Gesamtsituation der Jugendlichen möglich wird (Abschnitt 3 und 4), um zu verdeutlichen, dass Psychomotorik auch als Krisenintervention sinnvoll ist. Eben jenes zeigt sich dann inhaltlich in den Punkten 5 und 6.

2. Vorstellung der Einrichtung

Die Intensivwohngruppe „Deine Chance" des Ev. Kinderheims Herne besteht seit dem 09.10.2006. Die Wohngruppe befindet sich in einem alten Bauernhaus mit großem Grundstück in ländlicher Umgebung.

Das Angebot richtet sich an Mädchen und Jungen im Aufnahmealter ab 10 Jahren, bei denen schwere Störungen im Bereich des Sozialverhaltens und der Emotionen sowie Defizite bei der Anerkennung von Werten und Normen vorliegen. Hiermit sind Kinder gemeint, die weder ihre eigenen Grenzen, noch die des gesellschaftlichen Systems kennen. Infolge des Nicht-Kennens bzw. Nicht-Anerkennens wurden mitunter Grenzen überschritten und/oder destruktive Verhaltenstendenzen gezeigt.

Ein Schwerpunkt unserer Arbeit liegt in dem motopädagogischen Ansatz, aber auch heil- und erlebnispädagogische Elemente werden täglich umgesetzt. Die Hinwendung auf die Bewegung und das „Bewegtsein" ist grundlegender Bestandteil der Wohngruppenarbeit und unterscheidet sich mit dieser Ausrichtung von vielen Angeboten der stationären Jugendhilfe. Dem zugrunde liegt die Annahme, dass Kinder über Erfahrungsquellen auf der leiblichen Ebene, einen neuen Zugang zu ihrem Körper, damit zu sich selbst und ihrer Umwelt erhalten. Darüber hinaus kann durch und über die Bewegung aggressives Verhalten kanalisiert werden. Diese kann in einem dafür vorgesehenen Setting, z. B. im Bewegungsraum der Wohngruppe „gesteuert" abgearbeitet werden. Durch eben jene Bewegung ist es möglich, negative Energien zu verbrauchen, was zu einer Minimierung des destruktiven Verhaltens führen kann.

Der Wohngruppenalltag ist durch ein verhaltenstherapeutisch ausgerichtetes Programm strukturiert. Da die bei uns lebenden Kinder zumeist in ihren Biographien keine Regeln und Normen kennen gelernt haben, sind sie in ihrem Selbst grenzenlos. Diese Grenzenlosigkeit kann zu Aggression führen, die auf die Umwelt und ein nicht beherrschbares Selbst zurück schlägt.

Durch diese äußere Sicherheit sollen die Kinder den schützenden Rahmen erhalten, um sich angstfrei mit der eigenen Person und dem Erlernen von sozialen Verabredungen (z. B. vertragsähnliche Absprachen) ist es dem Kind möglich, die äußere Struktur auf das eigene Selbst zu adaptieren.

Weiterer elementarer Bestandteil unserer Arbeit sind regelmäßige Gruppensitzungen. Im abendlichen „Blitzlicht" beurteilen die Kinder ihren Tag und geben sich abschließend eine Note. Weicht die Meinung der anderen Kinder von dieser ab, kann jeder von seinem „Veto-Recht" Gebrauch machen und seine Meinung zu dem Tag des Anderen kundtun. Abschließend beurteilt der Betreuer den Tag jedes Kindes. Hierdurch soll das Kind lernen, seine Fähigkeiten und seine „Tagesform" realistisch einzuschätzen. Gleichzeitig dient es dem Abgleich von Selbst- und Fremdwahrnehmung, um ein authentisches Bild der eigenen Person zu entwickeln. Einmal wöchentlich gibt es einen Gruppenabend, an dem ein gemeinsames Thema diskutiert wird. Darüber hinaus hat jeder die Möglichkeit, drei Anträge zu stellen und einen gemeinsamen Gruppenantrag zu formulieren. Bestandteil der Anträge können Besuchskontakte, Einzelaktionen, Konzertbesuche, sonstige Freizeitaktivitäten etc. sein. Die Jugendlichen lernen dadurch Argumente und Gedanken zu formulieren und in einen kommunikativen Austausch zu gelangen.

Ferner besitzen die teilnehmenden Betreuer das gleiche Antragsrecht und die Kinder entscheiden dann gemeinschaftlich über eben jene Anträge.

Die Anträge der Jugendlichen werden dann im Betreuerteam entschieden, um sie im Anschluss in einem neuen Gruppenmeeting mit ihnen zu besprechen. Dadurch „erspüren" sie, dass individuelle Freiräume und positive gewünschte Aktionen mit dem gezeigten Verhalten in Zusammenhang stehen und ein linearer Zusammenhang zwischen dem eigenen Handeln und der Reaktion der Umwelt besteht.

Überdies gibt es außerordentliche Gruppensitzungen, die meist infolge von auftretenden Schwierigkeiten einberufen werden.

Die immer wiederkehrende Auseinandersetzung mit sich (ggf. mit den eigenen Unzulänglichkeiten), Werten und Normen in einem geschützten Rahmen fördert die Reflexionsfähigkeit, die Empathie und die kommunikative Kompetenz. Dies wiederum kann zu einer Verhaltensmodifikation führen. In der Gruppe leben derzeit sechs Kinder und Jugendliche (drei Jungen/drei Mädchen) in Alter von 12 bis 17 Jahren. Das Betreuerteam besteht aus sieben pädagogischen Fachkräften.

3. Vorstellung der Jugendlichen und ihr Verhalten in der Gruppe vor der Krisenintervention

3.1 Biographischer Kontext

Jennifer[2] war zum Zeitpunkt der Aufnahme fast 12 Jahre alt. Ihr Verhalten war durch massives, impulsives, grenzüberschreitendes Verhalten charakterisiert

(F90. 1 Hyperkinetische Störung des Sozialverhaltens/F43.2 Anpassungsstörung emotional und sozial), weshalb im Vorfeld eine stationäre Unterbringung in der Psychiatrie und ein längerer Aufenthalt in einer Tagesklinik notwendig wurden.

Das familiäre System (= Mutter, Stiefvater und zwei Kinder aus dieser Beziehung) war mit der Intensität der verbalen Entgleisungen, verbunden mit einer sehr geringen Frustrationstoleranz und dem ständigen regelüberschreitenden Verhalten, überfordert.

Dies hatte zur Folge, dass Jennifer innerhalb des letzten Jahres vor dem Zeitpunkt ihrer Aufnahme in verschiedenen Systemen gelebt hatte. Zwischenzeitlich lebte sie bei ihrem leiblichen Vater und dessen Familie. Von seiner Existenz hatte Jennifer erst im Alter von ca. 9 Jahren erfahren. Zuvor hatte sie gedacht, dass ihr Stiefvater ihr leiblicher Vater sei. Da auch diese Familie sehr schnell an ihre Grenzen stieß, wurde Jennifer in einer stationären Intensivwohngruppe untergebracht. Aufgrund der Abhängigkeit von Jennifer, ihres verbal und körperlich aggressiven Verhaltens sah man sich alsbald außer Stande, weiter mit ihr zu arbeiten.

Betrachtet man diesen biographischen Verlauf, so erscheint es nur zu verständlich, dass ein bitter enttäuschtes, trauriges Mädchen einzog.

3.2 Verhalten in der Wohngruppe zum Zeitpunkt der Aufnahme bis zur Krisenintervention

Jennifer reagierte bereits in den ersten Tagen auf alltägliche Anforderungen und aufgezeigte Grenzen mit Verweigerung und Beschimpfung gegenüber Betreuern und den Kindern. Sie testete jede bestehende Regel aus und vergewisserte sich wiederkehrend, ob Konsequenzen umgesetzt würden. Auffallend war ihr verletzender, respektloser, zumeist stark sexualisierter Umgangston. Nur selten war sie in der Lage, dieses Kommunikationsmuster zu durchbrechen und sich in einer ruhigen, sachlichen und wertschätzenden Art und Weise zu unterhalten. Dies führte vielfach dazu, dass sie sich in Gesprächen über ihre emotionale Befindlichkeit oder den bestehenden Schwierigkeiten gänzlich entziehen wollte. In Einzelgesprächen hatte sie vielfach nur eine kurze Konzentrationsspanne.

Ihre unkooperative, uneinsichtige und egozentrische Haltung erlaubte weder Widerspruch noch Diskussion. Entweder ging man ihren Weg und sie konnte ihren Willen durchsetzen oder aber sie explodierte förmlich. Jeder, der ihr Grenzen aufzeigte, sie auf die eigene Person verwies oder sie mit ihren Gefühlen konfrontierte, wurde von ihr mit einer sich rasant entwickelnden Aggression herausgefordert. Es wurde jedoch nach einiger Zeit deutlich, dass sie in ihren Wutausbrüchen über eine Eigensteuerung verfügte und diese offensichtlich sehr gezielt und instrumentell einsetzte, um bei kleinen Widerständen mit erhöhtem Einsatz doch noch das Ziel zu erreichen.

Zunehmend begann Jennifer zu den beiden weiblichen Mitarbeitern, mit denen sie zuvor den meisten „Stress" hatte, eine Beziehung aufzubauen. Hier zeigte sie oftmals ihre freundlichen, netten und aufgeschlossenen Persönlichkeitsanteile. Sie engagierte sich bei den anfallenden Aufgaben und entwickelte eine Vorliebe für das Kochen und das Backen. Daneben brachte sie sich wortgewandt in Gruppengesprächen ein und konnte durch ihre temperamentvolle Art und Weise die übrigen Jugendlichen motivieren.

Sukzessive gestaltete sie die Kontaktaufnahme zu den übrigen Gruppenmitgliedern. Zu einem älteren Mädchen entwickelte sich eine Freundschaft.

Da Jennifer vor ihrem Einzug nicht beschulbar war, zeigte sie in der neuen Schule die gleichen Verhaltensweisen, die dazu geführt hatten, dass sie die Schule meiden konnte. Jennifer favorisierte im Unterricht Tätigkeiten eines geringen Aufforderungsgrades. Sie hatte in Anforderungssituationen, die für sie neu und dadurch nicht einschätzbar waren, enorme Schwierigkeiten. Sie versuchte durch ihr verweigerndes und aggressives Verhalten ihre stark ausgeprägte Versagensangst zu kaschieren.

Gegenüber ihren männlichen Klassenkameraden zeigte sie ein starkes sexuelles Interesse und benutzte eine grenzüberschreitende Ausdrucksweise. Sie kokettierte vor diesen, biederte sich diesen gegenüber an, bekundete ihre

Zuneigung, sowohl verbal und schriftlich als auch über das Herstellen von körperlicher Nähe (z. B. auf dem Schoß sitzen). Dies hatte zur Folge, dass sie in der Schule vereinzelt durch einen Mitarbeiter begleitet werden musste und eine intensive kontinuierliche Zusammenarbeit mit dem Lehrpersonal indiziert wurde.

4. Beschreibung der Indikatoren, die zur Durchführung der Maßnahme führten

Im November des Jahres 2007 kam es zu schweren Konflikten in der Schule. Jennifer beleidigte in übelster Art und Weise das Lehrpersonal. Sie wurde verbal aggressiv und zeigte gegenüber ihren männlichen Klassenkameraden ein grenzüberschreitendes, distanzvermindertes, sexualisiertes Verhalten. Sie griff diesen in den Schritt, „rieb" sich an deren Körper und war völlig wahllos in der Auswahl ihrer „Kommunikationspartner".

Im gleichen Zuge reaktivierte sie im Gruppenleben die bereits oben beschriebenen destruktiven Verhaltensweisen. Trotz intensiver Bemühungen der Mitarbeiter machte Jennifer bei der Bearbeitung des Themas völlig „dicht". Sie wich aus oder reagierte verbal und/oder körperlich übergriffig.

Jennifer wirkte konstant angespannt. Sie hatte einen hohen muskulären Tonus und signalisierte mit ihrem gesamten körperlichen Ausdrucksverhalten eine Kampfbereitschaft gegenüber ihrer Umwelt. Eben jener „beeinträchtigt nicht nur die motorischen Fähigkeiten ... Er wirkt sich auch auf den psychischen Bereich der menschlichen Persönlichkeit aus und verzehrt ein Höchstmaß an Energien, die dann für die Bewältigung des Alltags fehlt". *(Hammer 2001; entnommen aus dem ak'M Reader 2007, S. 19: „Körper- und Leiberfahrung I").*

Betrachtet man demnach Spannung und Entspannung nicht nur als rein körperliche Phänomene, sondern immer auch als Einblick in die seelische Verfassung eines Menschen, so verwundert es nicht, dass Jennifer kaum mehr in der Lage war, adäquat am Gruppengeschehen teilzunehmen. Ihr gesamter Habitus offenbarte eine feindselige Betrachtung von Welt.

Auf einem Klassenausflug nahmen die problematischen Verhaltensweisen eine bis dato nicht bekannte dramatische Form an. Hier bot sie ihren Körper, als eine Art Ware nicht zu ihrer Person gehörig, jedem an. Ihr Verhalten konnte nicht mehr vom Lehrpersonal gelenkt werden und gipfelte in verbaler Übergriffigkeit gegenüber der Lehrerin.

In der Gruppe war eine Bearbeitung der Problematik nicht möglich. Jeder Versuch dessen wurde mit den Worten kommentiert, „Klar kannste mich voll quatschen, aber glaube nicht, dass du Arsch Einblick in meine Seele bekommst! Fick Dich!", bzw. mit fremdaggressivem Verhalten beantwortet.

Offensichtlich führte „die Furcht davor, sich mit dem Thema auseinanderzusetzen, ... zu Flucht aus dem Thema". *(Hammer (Hg.) 2004; entnommen aus dem ak'M Reader 2004, S. 43: „Zertifizierung im Arbeitsfeld Kinder- und Jugendhilfe").*

In der Wohngruppe war es ihr immer wieder möglich, ihre Gefühle abzuspalten und damit diese zu verdrängen.

Von daher entschieden wir, dass ich noch am selben Tag mit Jennifer eine erlebnisorientierte Einzelmaßnahme machen würde, damit sie zum einen einen anderen Bezug zu ihrer Körperlichkeit[3] herstellte. Zum anderen sollte sie eine Beschäftigung mit ihren Themen (vgl. Erikson) fokussiert werden.

Jennifers gewalttätiges Verhalten möchte ich im Sinne des stresstheoretischen Konzeptes als eine exteriorisierende Form[4] charakterisieren.

5. Ausschnittsweise Darstellung der Maßnahme unter besonderer Berücksichtigung von motopädagogischen Aspekten

Aufgrund der Länge (vier Tage) und des Facettenreichtums der Krisenintervention möchte ich mich im Nachfolgenden auf einzelne wenige, dafür aber aussagekräftige Eckpfeiler stützen. Zentraler Dreh- und Angelpunkt der Maßnahme war das Sauerland mit seinen Bergen und Tälern als auch der große Diemelsee. Der inhaltliche Schwerpunkt lag auf dem Besteigen eines Berges.

Die erste Nacht verbrachten wir in einer Jugendherberge an Möhnesee. Bereits auf der abendlichen Fahrt zu dieser versuchte ich jegliche Fremdreize (Radio, Gespräche) zu vermeiden, damit Jennifer wenig Zerstreuung fand und sich in einem reizarmen Umfeld (Jugendherberge) zunächst einmal auf die eigene Person konzentrieren konnte. Am darauf folgenden Tag führte uns die Reise weiter in den kleinen, idyllischen Ort Stormbruch, in dem ich eine Ferienwohnung angemietet hatte. Jennifer bezog ihr Zimmer und wir nutzten den Tag mitunter zum Festlegen der Tagesstrukturen. Getreu dem Motto „ein Maximum an Offenheit schaffen", konnte Jennifer an diesem Planungsprozess partizipieren. Gleichsam wollte ich ihr damit die notwendige Sicherheit geben, damit sie befähigt wird, ihre Innen- und Außenwelt in Kontakt zu bringen[5].

Daneben verankerten wir Rituale in den Tagesablauf. Diese festen Bezugsgrößen dienten dazu, dass Jennifer in der ungewohnten Umgebung Halt und Orientierung fand. Außerdem wurde so der Tag überschaubar. Jeder Tag begann mit einem gemeinsamen Frühstück und endete mit einem Sportprogramm und anschließendem gemeinsamen Kochen (sich und dem Anderen etwas Gutes tun). Als Zu-Bett-Geh-Ritual wünschte sich Jennifer eine Massage, um „runter zu kommen" und damit einhergehend Ruhe für den Schlaf zu finden. Sie verschriftlichte unseren „Fahrplan" und legte ihn im Wohnzimmer aus, um jederzeit nachgucken zu können (Selbstvergewisserung). Während der gesamten Maßnahme schaute sie zwischendurch nach und versicherte sich auch verbal, dass das gemeinsam entwickelte Programm umgesetzt würde (z. B. *„Wir machen doch heute Abend Sport, ne?!"*).

Inhaltlicher Schwerpunkt dieses Tages war es, Jennifers Blick auf ihre Innenwelt zu lenken. Sie entwarf malerisch eine große Blume, deren Blätter gefüllt wurden mit der Sicht auf ihre Person aus unterschiedlichen Blickwinkeln (wie

Jennifer in der Schule, wie zu Hause ...). Hierdurch konnte sie Inhalte und Themen vorgeben und mit sich in einen inneren Dialog gehen.

Deutlich wurde anhand ihrer Ausarbeitung, dass sie in sich das Gefühl trug, keinen Platz auf dieser Welt zu haben. Aufgrund des späten Kennenlernens ihres leiblichen Vaters fühlte sie sich von ihrer Mutter verraten und belogen. Sowohl Vater und Mutter hatten ihre „eigenen Familien", zu denen sie sich nicht zugehörig fühlte.

Ferner signalisierte sie mit all ihrer Leiblichkeit, dass sie weder sich noch irgendwem anderen vertraut. Offensichtlich war das Gefühl des „Urvertrauens" (vgl. Erikson) kaum ausgeprägt und schlug sich in ihrem Hass auf die Welt und auf sich selbst nieder. Ihre „Streitlust" kann somit als verzweifelter Versuch gewertet werden, Halt und Sicherheit zu erlangen. „Sie (d. m. die Jugendlichen) provozieren, zeigen Widerstände. Sie fordern die Umwelt heraus, um zu erfahren, ob sie ihnen Stand hält. Sie fordern die Standhaftigkeit des Erwachsenen heraus, der ihnen Grenzen setzen muss um ihnen Halt zu geben und der sie mit der Realität konfrontieren muss, um ihnen Orientierung zu vermitteln" *(Hammer (Hg.) 2004; entnommen aus dem ak'M Reader 2004, S. 44: „Zertifizierung im Arbeitsfeld Kinder- und Jugendhilfe").*

In der Auswertung ihres „Werkes" spiegelte ich ihr die von mir wahrgenommenen emotionalen Erlebnisinhalte (ihre Traurigkeit und innere Zerrissenheit) und gelangte dadurch an den Kern ihrer Emotionen. Dies führte dazu, dass sie intensiv weinte und ihre Trauer ausdrücken konnte. Sie ließ sich über den intensiven Körperkontakt, das frühkindliche Schaukeln und Wiegen beruhigen. Um ihr zentrales Bedürfnis nach Geborgenheit zu stillen, wickelte ich sie eng umschlungen in Decken ein und „wippte" sie hin und her. Jennifer genoss diesen engen und intensiven Kontakt.

In der anschließenden verbalen Reflexion machte Jennifer deutlich, dass sie über das gezeigte sexualisierte Verhalten Anerkennung und Beachtung erzielen möchte, die Beachtung und Anerkennung ihrer Person, die sie sich vermutlich selbst nicht schenken kann.

Am dritten Tag brachen wir nach einem guten und langen Frühstück zu einer gemeinsamen Wandertour auf. Wir packten das vorhandene Wandermaterial (Routenplaner) ein, damit wir im dichten Novembernebel nicht vom Weg abkamen. Im Mittelpunkt der Tour sollte das eigene Erleben und die Erfahrung mit der Natur stehen. So thematisierte ich die Beschaffenheit des Weges, das Wetter und die wunderschöne Landschaft. Zu Beginn war Jennifer guter Dinge und flötete vor sich her. Doch bereits nach den ersten Kilometern machte sich eine Erschöpfung breit. Gleichzeitig wurde ihre massive Versagensangst verbunden mit der oben beschriebenen Vermeidungsstrategie sichtbar. Sie wollte umkehren, setzte sich auf eine am Weg befindliche Bank und verweigerte sowohl die Kommunikation als auch das Weiterlaufen. Ich setzte mich in identischer Körperhaltung neben sie und spiegelte ihre Emotionen. An ihrer veränderten Körperhaltung konnte ich „ablesen", dass sie meinen Inhalten folgte und sich leiblich zu mir drehte. Auch dieses wahrgenommene Ausdrucksverhalten imitierte ich auf der körperlichen Ebene. Ich sprach ihr Mut zu, indem ich ihr sagte, dass sie das Ersteigen des Berges mit ihren eigenen Kräften schaffen wird. Sie weinte daraufhin und thematisierte ihre Höhenangst. Erstmalig war es ihr in dieser Umgebung möglich, eine bestehende Angst anzusprechen und nicht, wie sonst, durch Ablenkung oder gespielte Stärke über diese hinweg zu gehen. Ich bot ihr an – immer dann, wenn es notwendig würde – meine Hand zu reichen. Nach diesem gemachten Angebot wirkte Jennifer kooperativ. Sie grinste, stieg auf und ich sagte: „Du bist stark und schaffst auch schwierige Wege!". Mit neuer Zuversicht wanderten wir weiter. Auffällig war, dass Jennifer, die in der Gruppe ohne Punkt und Komma redete, sehr schweigsam wurde. Zwischenzeitlich hielt sie immer wieder inne und nahm meine Hand. Sie blickte in das Tal, um sich zu vergewissern, wie hoch wir bereits gestiegen waren. Dies wurde regelmäßig von ihr mit Jubelbekundungen kommentiert. Auf der Mitte des Berges rasteten wir. Hier machte ich deutlich, wie weit sie bereits gekommen war. Dies übertrug ich auf ihren Alltag im Gruppenleben. Vieles hatte sie bis zum Zeitpunkt der Maßnahme bereits erreicht. Nach fast einem Jahr in der Gruppe war sie nun quasi auf der Hälfte des Berges angekommen. Sie hatte mit viel Einsatz gezeigt, dass sie bemüht ist, neue Kommunikationsformen anzuwenden. Vereinzelt hatte sie Vertrauen zu einigen Mitarbeitern aufgebaut, ihr Schulbesuch, der sie enorme Anstrengungsleistungen kostete, war bis dato deutlich besser geworden. Nun wandte sie wieder alte Muster an und hatte offensichtlich Angst davor, die neu erlernten, nicht vertrauten Verhaltensweisen weiter auszubauen. Lieber aktivierte sie ihre alten destruktiven Muster, in welchen sie sich sicher und ohne Angst bewegen konnte. An ihrem „kecken" Grinsen entnahm ich, dass ich nicht ganz Unrecht hatte. Von daher fragte ich sie recht provokativ, ob wir nun umkehren sollen – den Weg würde sie ja nun kennen – oder ob sie oben vom Berg aus die Aussicht auf das Tal genießen möchte. Jennifer stand auf und sagte *„Na dann packen wir es mal!"*

Der weitere Aufstieg gestaltete sich mühsam. Der Nebel wurde dichter und der Weg aufgrund der Nässe von dem gefallenen Laub rutschig. Daneben wurde es zunehmend schwieriger gleichmäßig zu atmen und Jennifers körperliche Leistungsfähigkeit hatte ihre Grenze erreicht. Dennoch wollte ich Jennifer das Besteigen des Berges ermöglichen, damit sie die Anforderung aus eigener Kraft bewältigen kann. Denn „Veränderungen des Selbstkonzeptes treten nur dann ein, wenn der Erfolg der Tätigkeit als selbst bewirkt erlebt wird und nicht als zufallsbedingt oder von fremden Einflüssen bestimmt wahrgenommen wird" *(Volkamer/Zimmer 1986, S. 51; Entnommen aus dem ak'M Reader 2007, S. 35: „Körper- und Leiberfahrungen I").*

Die letzten Meter unterstützte ich sie, indem ich ihr erlaubte, Sicherheit über meinen Körper herzustellen. Ich lief hinter Jennifer und hielt sie an den Hüften fest. Sie ließ sich ein paar Mal „plumpsen" um zu spüren, dass sie von mir gehalten würde. Als wir den Gipfel des Berges mit der Hütte erreichten, war sie völlig außer Atem, aber unsagbar stolz auf die eigene Leistung. Den Rückweg nutzten wir, um das Erlebte verbal zu reflektieren. Ich zeigte ihr auf, dass sie mit ihren eigenen Ressourcen den Berg erklommen hatte und viel mehr in ihr steckte, als sie vermutet hatte. Im Tal angekommen gönnten wir uns in einer netten Gaststätte ein großes Stück Kuchen und einen warmen Kakao. Jennifer wirkte wesentlich entspannter und zufriedener.

Am vierten Tag werteten wir am Vormittag die zurückliegenden Tage aus. Jennifer erstellte mit der Wanderroute und dem Prospektmaterial eine Collage für ihr Zimmer. Sie wünschte sich daneben, dass wir gemeinsam zum Abschluss ein Heft mit Tagesprotokollen erstellten.

Den Rückweg über „plapperte" sie in altbekannter Art und Weise. Sie freute sich auf ein Ankommen in der Wohngruppe und verbalisierte erstmalig, dass sie froh über die Gruppe sei.

Sie rief umgehend ihre Mutter an und erzählte auch sonst jedem, dass sie es geschafft hätte einen Berg zu „*bezwingen*" und zwölf Kilometer zu Fuß zurückgelegt hätte.

Aus der Retroperspektive, nach nunmehr einem weiteren Jahr, ist anzumerken, dass die Maßnahme als Wendepunkt angesehen werden kann. Natürlich hat Jennifer weiterhin Schwierigkeiten im Schulbesuch und in ihrer Art des Umganges. Aber zu sexualisierten Handlungen ist es seitdem nicht mehr gekommen. Für mich aber erscheint es noch elementarer, dass sie gelernt hat, sich ihrem sozialen Umfeld gegenüber zu öffnen und Unterstützung von erwachsenen Bezugspersonen anzunehmen. Selbst heute beantragt sie häufiger am Gruppenabend einen langen und ausgiebigen Spaziergang mit mir, um ihre Gefühle und Empfindungen zu besprechen.

6. Resümee: Begründung und Verortung der Krisenintervention

Mit der Maßnahme wollte ich zwei defizitäre Entwicklungsbereiche bearbeiten:

Zum einen Jennifers geringes Selbstvertrauen verbunden mit einem geringen Selbstwert. Sie nutzte vielfach ihre Körperlichkeit, um Anerkennung vom anderen Geschlecht zu bekommen. Dies kann mithin, wenn auch nicht in der Form der Ausprägung des oben beschriebenen Verhaltens, als eine

normale pubertäre Krise verstanden werden. So geht die Körperwahrneh-
mungs-Hypothese davon aus, dass es in keiner anderen Lebensphase wie
in der Jugend zu einer Problematisierung und Neudefinition des Körper-
bewusstseins und des Körperbildes kommt. Die Rückmeldungen bzgl. der
eigenen Körperlichkeit sind in diesem Alter stark emotional gefärbt und
für das sich entwickelnde Selbstwertgefühl von herausragender Bedeutung
(vgl. Brinkhoff 1998, S. 113f.).

Von daher wollte ich Jennifer die Möglichkeit geben, sich in einen Dialog
mit ihrem Körper zu begeben und diesen über Bewegung zu erfahren. Ziel
dessen war es, dass sie eigene positive Bilder von sich entwerfen können
würde, um dadurch von der Rückmeldung anderer (Jungs) unabhängiger zu
werden. Die Bergtour als solche wählte ich aus, da sich positive Beziehungen zum eigenen Körper nur über die Erfahrung mit dem eigenen Körper
aufbauen lassen *(vgl. Hammer unveröffentlichter Text; entnommen aus dem
ak'M Reader 2007, S. 21: „Körper- und Leiberfahrung I").*

Zum anderen stand das gezeigte explorative Verhalten für mich in einem
linearen Zusammenhang zu ihrer Biographie. Sie fühlte sich abgelehnt, wenig
geliebt und traute weder sich noch anderen. Um so wichtiger war es mir, eine
Situation zu kreieren, in der sie sich auf eine erwachsene Person verlassen
musste und erlebte, dass sie in dieser Begegnung vertrauen kann.

Wie im Verlaufsbericht dokumentiert lenkte ich Jennifers Aufmerksamkeit durch die Wahl meiner Methoden zunächst auf ihre Innenwelt. Dies
war im Gruppenalltag mit dieser Intensität nicht möglich. Sie lenkte sich
über die Zerstreuung, das aggressive Verhalten und das „viele Reden" stetig von ihren Gefühlen und Gedanken ab. Um ihr ein facettenreiches und
mehrperspektivisches Bild der eigenen Person zu vermitteln, wählte ich das
Zeichen der Blume. Dies weckte ihr Interesse, sich mit der eigenen Person
zu beschäftigen. „Nur wenn es gelingt, den Kontakt von Innen und Außen
herzustellen, nur dann wird die äußere Realität für das Kind persönliche
Bedeutung gewinnen und somit auch sein Interesse wecken, sich mit ihr
konstruktiv auseinander zu setzen *(vgl. Hammer 2001, Kap. 4.2.; entnommen*

aus dem ak'M Reader 2004, S. 49: „Zertifizierung im Arbeitsfeld Kinder- und Jugendhilfe").

Nachdem ihre Themen in den ersten zwei Tagen sichtbar wurden, ging es mir am dritten Tag um die Schaffung von intensiven sinnlichen Erfahrungen. In Anbetracht dessen, dass sich der Mensch nur ca. zehn Prozent dessen, was er liest oder hört, aber ca. neunzig Prozent dessen, was er selbst tut, merkt (vgl. Ganser 1991), wählte ich eine handlungsorientierte Maßnahme. Daneben möchte ich in Anlehnung an Fischer (2001) anmerken, dass Bewegung immer auch als Grundlage von Handlungskompetenz und damit als Grundlage der Persönlichkeitsentwicklung betrachtet werden kann und sollte *(vgl. ak'M Reader 2007, S. 6: Körper- und Leiberfahrung!")*. Darüber hinaus haben unmittelbare Erfahrungen und persönliches Erleben „mehr Wirkung im pädagogischen Prozess als jede Art der Verbalität ... *Etwas was ich selbst erlebt du gefühlt, gesehen und gespürt habe, dem kann ich mich nicht entziehen"* (Schüler 1991, S. 25).

In ihrer gesamten Person, mit den überflutenden Gefühlen, deren Kontrolle sie nicht hatte (impulsive Durchbrüche), erspürte Jennifer, dass sie auf ihren Körper einwirken, ihn spüren kann und dadurch in der Lage ist, sich zu kontrollieren. „Durch (die) Erfahrung des Kindes mit seinem Körper empfindet es sich selbst. Damit wird auch die Grundlage für Körperbeherrschung und Selbstbeherrschung geschaffen" (Koop 1977, S. 37).

Jennifer geriet während der Tour immer wieder an ihre Grenzen und überschritt diese. Das im Anschluss Erreichte, nämlich die Bergspitze, führte ihr sinnbildlich vor Augen, wie „hoch" sie mit ihren Ressourcen hinaus kann. Das Vertrauen in die eigenen Fähigkeiten, den Mut, innere Widerstände zu brechen um sein Ziel zu erreichen, kann sicherlich als eine Fertigkeit gesehen werden, die für die Bewältigung anderer Schwierigkeiten hilfreich ist (Transfer zur Alltagsbewältigung).

Sie erlebte auf basaler Ebene, dass Unterstützung in schwierigen Momenten „gewinnbringend" sein kann. Durch das „Plumpsen" erfuhr sie, zunächst auf einer spielerischen Ebene, neben dem „sich Fallenlassen" das wichtige

Gefühl des „Gehaltenwerdens", um dies dann im letzten Bergabschnitt praktisch erleben zu können. Aufgrund dessen, dass das Wandern eine außenliegende Aktivität ist, konnte Jennifer unterschiedliche Materialien erfahren (insbesondere der sich verändernde Weg und Untergrund) und in einen sinnlichen Kontakt zur Umwelt kommen.

Abschließend möchte ich anmerken, dass ich innerhalb dieser Maßnahme die drei Funktionen der Bewegung für die Entwicklung von Kindern nach Zimmer (1996) verwirklicht sehe. Jennifer erspürte intensiv ihren eigenen Körper, sowohl durch die ritualisierten Massageübungen, als auch durch die Bergtour (= personale Funktion), sie erschloss sich auf vielfältige Art und Weise die Umwelt, z.B. in dem sie sich das Tal aus unterschiedlichen Höhen anschaute (= explorative Funktion) und sie ertrug die Belastung, gab nach der Hälfte des Weges nicht auf und nahm den letzten Rest des Berges mit meiner Unterstützung (= adaptive Funktion) *(vgl.ak'M Reader 2007, S. 7: „Körper- und Leiberfahrung !")*

7. Fußnoten

[1] *Ich verzichte in der vorliegenden Arbeit auf eine Trennung der Begrifflichkeiten „Motopädagogik" und „Psychomotorik".*

[3] *Mit Körperlichkeit oder Körper nehme ich in dem vorliegenden Text stets Bezug zum „Leib" und reduziere den Körper nicht auf seine physische Funktion. In Anlehnung an Hammer 2001, S. 73 ff. ist anzumerken, dass sich die Erlebnisse der menschlichen Biographie nicht nur im Gedächtnis abspeichern und erinnert werden können, sondern sich ebenso als „Engramme in in die Zellen des Menschen eingraben und somit Teil der Entwicklungsgeschichte sind". Eben jene prägende Erfahrungen hinterlassen sowohl auf der psychischen Ebene als auch auf der körperlichen Ebene überdauernde Strukturen. Die psychische Ebene kann durch die körperliche Ebene berührt und verändert werden, als auch umgekehrt (vgl. klassische Körperpsychotherapie).*

[4] *Das angestaute Aggressionspotential wird freigesetzt oder entladen, ohne auch nur die geringste Veränderung im gestörtenPersonen-Umwelt-Verhältnis herbeizuführen (S.100), durch agressive Handlungen wird versucht, sich kurzfristig Luft zu verschaffen, ohne auch nur im geringsten die zugrunde liegende Problemkonstellation zu beseitigen. Nach außen gerichteter Aggressions-Gewaltausbruch muss als verzweifelter Versuch interpretiert werden, gegen scheinbar nicht zu kontrollierende Bedrohungspotentiale und daraus resultierende Bedrohungsgefühle anzukämpfen" (Brinkhoff 1998, S. 103).*

[5] *Schaffung des „intermediären Bereiches" = „Zwischenbereich des Erlebens, zu dem sowohl die innere Realität als auch das äußere Leben beitragen" (Winnicott, z.n. Hammer 1995, S. 123) als einen „Zwischenbereich des Erlebens", zu dem sowohl die innere Realität als auch das äußere Leben beitragen (vgl. Müller 2004; entnommen aus dem ak'M Reader 2004, S. 31ff: „Zertifizierung im Arbeitsfeld Kinder- und Jugendhilfe")*

8. Literatur

Bücher

BRINKHOFF, Klaus-Peter (1998): Sport und Sozialisation im Jugendalter: Entwicklung, soziale Unterstützung und Gesundheit. Weinheim, München.

GANSER, A. (1991): Lehren und Lernen in der Erwachsenenbildung, Wien.

HAMMER, R. (1995): Bewegung in der Heimerziehung. Inaugural Dissertation, Dortmund.

HAMMER, R. (2001): Bewegung allein genügt nicht. Psychomotorik als gundlegendes Prinzip der Alltagsgestaltung. Dortmund.

HAMMER, R. (2004): Bewegte Jugend, in :Köckenberger, H./Hammer, R.(Hg.) (2004): Psychomotorik. Ansätze und Arbeitsfelder. Ein Lehrbuch, Dortmund.

FISCHER, K.(2001): Einführung in die Psychomotorik. München, Basel.

KOPP (1977): Sport für verhaltensgestörte Kinder und Jugendliche. Schorndorf bei Stuttgart.

KÖCKENBERGER, H./Hammer, R.(Hg.) (2004): Psychomotorik. Ansätze und Arbeitsfelder. Ein Lehrbuch. Dortmund.

MÜLLER, W. (2004): Ich will doch nur spielen, in: Köckenberger, H./Hammer, R. (Hg.) (2004) Psychomotorik. Ansätze und Arbeitsfelder. Ein Lehrbuch. Dortmund.

SCHÜLER, Wolfgang W. (1991): Sozialpädagogische Intervention durch Sport: dargestellt am Beispiel des Langstreckenlaufs; eine empirische Untersuchung an Kindern und Jugendlichen im Heim. Berlin.

ZIMMER, R.(1996): Handbuch der Bewegungserziehung. Freiburg (4. A 2009).

Zugrunde liegende Reader (ak'M)

ak'M Reader zum Kurs 1 Psychomotorische Basisqualifikation Motopädagogik (p'BM): Körper- und Leiberfahrung I vom 26.–27.04.2007 bei Herrn Holger Jessel.

ak'M Reader zum Kurs 2 Psychomotorische Basisqualifikation Motopädagogik (p'BM): Köper- und Leiberfahrung II vom 17.–18.05.2007 bei Herrn Holger Jessel.

ak'M Reader zum Kurs 5 und 6 Psychomotorische Basisqualifikation Motopädagogik (p'BM): Sozialerfahrung I und II vom 18.–20.10.2007 bei Herrn Holger Jessel.

ak'M Reader zum Kurs Zertifizierung im Arbeitsfeld Kinder – und Jugendliche: „Schaukeln, Monster spielen oder Judo?" Psychomotorische Entwicklungsbegleitung in der Praxis der Kinder- und Jugendhilfe vom 20.–22.06.2008 bei Herrn Wolfgang Müller.

Weiterführende Literatur

Becker (4. veränderte Auflage 1994): Sozialarbeit mit Körper und Bewegung, Frankfurt am Main.

Pilz/Böhmer (Hrsg)(2002): Wahrnehmen – bewegen – verändern: Beiträge zur Theorie und Praxis sport-, körper- und bewegungsbezogener sozialer Arbeit. Hannover.

ak'M Reader „Gewalt macht Sinn aber was sind die Alternativen?" Grundlagen der psychomotorischen Gewaltprävention vom 02.–04.05.2008 bei Herrn Holger Jessel.

Aspekte einer psychomotorischen Förderung junger Frauen mit Essstörungen im Intensivangebot „Via Annie" des Ev. Kinderheims Herne

1. Einleitung

Der vorliegende Aufsatz beschäftigt sich mit Aspekten einer psychomotorischer Förderung im Intensivangebot „Via Annie" für junge Frauen mit Essstörungen. In diesem Bereich bin ich seit Anfang 2006 als pädagogische Mitarbeiterin des Ev. Kinderheims Herne tätig. Die vorliegende Arbeit ist als theoretische Vorbereitung für die praktische Durchführung eines Psychomotorik-Angebots angelegt, und dient der Übertragung der Fortbildungsinhalte auf meinen spezifischen Arbeitsbereich und die spezielle Zielgruppe junger Frauen mit Essstörungen.

Inhaltlich soll so vorgegangen werden, dass zunächst das Konzept von „Via Annie" vorgestellt wird. Anschließend wird die Zielgruppe beschrieben, wozu sowohl die Diagnosekriterien nach den Klassifikationssystemen DSM-IV und ICD-10 als auch die eigene Berufserfahrungen mit der Klientel herangezogen werden.

Es folgen Überlegungen zur Umsetzung eines psychomotorischen Förderangebots. Hierzu wird zunächst in der Fachliteratur nach Anhaltspunkten und Erfahrungsberichten zum Einsatz psychomotorischer Ansätze bei dem Krankheitsbild Essstörungen gesucht. Zudem werden die jungen Frauen, die bei „Via Annie" leben und betreut werden, zu ihren Erfahrungen mit psychomotorischen Förderangeboten befragt. Vor dem Hintergrund der bis hierhin gesammelten Informationen sollen dann Überlegungen zu Rahmenbedingungen, Voraussetzungen, Zielen, Inhalten und Methoden eines passenden Förderangebots angestellt werden. Es schließt eine Auseinandersetzung mit möglichen Grenzen einer psychomotorischen Förderung in dem entsprechenden Arbeitsbereich an.

Meine persönliche Motivation, ein solches Angebot für die mir anvertrauten jungen Frauen zu entwickeln, hängt unter anderem eng mit dem Gefühl zusammen, mit dem ich selber oftmals die Forbildungstage der Basisqualifikation abgeschlossen habe: Das Gefühl, sich in seinem Körper wohlzufühlen, ausgeglichen und zufrieden zu sein, und sich körperlichseelisch-geistig als eine Einheit zu fühlen. Die jungen Frauen, mit denen ich arbeite, sind von diesem Zustand leider sehr weit entfernt, und es wäre ein großer Erfolg, einigen von ihnen eine solche Erfahrung irgendwann ermöglichen zu können.

2. Konzeption des Intensivangebots „Via Annie"

Bei „Via Annie" handelt es sich um einen Teilbereich des pädagogisch-therapeutischen Hilfessystems „Annie" für junge Menschen mit Essstörungen und psychosomatischen Krankheitsbildern. Während die Intensivwohngruppe „Annie" mit einem angegliederten Trainingsbereich mit insgesamt zehn Plätzen Hilfe für Jugendliche und jungen Frauen mit intensivem Betreuungsbedarf anbietet, richtet sich das Angebot „Via Annie" an junge Frauen ab 18 Jahren. Es sind eine Wohngemeinschaft mit drei Plätzen sowie derzeit vier Trainingswohnungen vorhanden. Bei den Maßnahmen in den Trainingswohnungen handelt es sich um stationäre Einzelbetreuungen in von der Einrichtung angemieteten Wohnungen. Zudem wird Sozialpädagogisch Betreutes Wohnen angeboten sowie ambulante Maßnahmen wie Fachleistungsstunden und individuelle Nachbetreuungsangebote.

Förderziele der Maßnahme sind:
- Stabilisierung des Essverhaltens, schrittweises Zurückgewinnen von Eigenverantwortung in diesem Bereich, Stabilisierung des Gewichts
- Rückkehr in eine normale Alltagsrealität, schrittweise wieder Freude am Leben zurückgewinnen
- Ausbau sozialer Kompetenzen im Gruppenzusammenhang und durch Integration in das soziale Umfeld
- psychische Stabilisierung und die Entwicklung einer individuellen Lebengestaltung, die schrittweise krankheitsbedingte dysfunktionale Verhaltensmuster überflüssig werden lässt, damit zusammenhängend Entwicklung und Erprobung alternativer Bewältigungsstrategien

- schulische und berufliche Orientierung
- Entwicklung einer individuellen Freizeitgestaltung, Heranführen an Hobbies und individuelle Interessen und Ressourcen, die ein positives Lebensgefühl fördern
- Verselbständigung im Alltag (z. B. Haushaltsführung, Finanzen, Umgang mit Ämtern und Behörden etc.).

Die jungen Frauen befinden sich in der Berufsausbildung oder im Studium, die Betreuung liegt daher schwerpunktmäßig im Nachmittags- und Abendbereich. Kernstück der Betreuung sind regelmäßige pädagogische und ökotrophologische Zielplanungen und Reflexionsgespräche. Die WG hat einen fest strukturierten Wochenplan mit Terminen für eine Psychotherapiegruppe, ein Kunsttherapieangebot, Soziale Gruppenarbeit, Körperarbeit/Entspannung, sowie eine WG-Runde, in der WG-interne und organisatorische Angelegenheiten besprochen werden. Wöchentlich findet ein verpflichtender Wiegetermin statt. Im Wechsel gibt es betreuungsfreie Wochenenden zur Belastungserprobung und WG-Wochenenden, an denen eine gemeinsame WG-Aktion stattfindet. Des Weiteren ist in den meisten Fällen zusätzlich eine ambulante Psychotherapie sinnvoll. Alle Angebote sind für die jungen Frauen in der WG verpflichtend.

In den Trainings- und SBW-Wohnungen werden sehr flexible, individuelle Betreuungsmaßnahmen angeboten, die jedoch eng an die WG angebunden sind. Die Mitarbeiterinnen aus beiden Teilbereichen vertreten sich auch gegenseitig. Je nach Hilfeplanung nehmen die Klientinnen aus den Wohnungen mit an den WG-Angeboten teil.

Zum Angebot gehören auch gemeinsame Wochenend- und Ferienfahrten. Es findet eine enge Kooperation mit Ärzten, Kliniken, Beratungsstellen und Therapeuten statt.

3. Beschreibung der Zielgruppe

3.1 Symptomatik nach den Klassifikationssystemen ICD-10 und DSM-IV-TR

Essstörungen werden unterteilt in Anorexia Nervosa und Bulimia Nervosa. Wenn nicht alle notwendigen Kriterien erfüllt sind, handelt es sich um die Unterkategorie der nicht näher bezeichneten Essstörungen, auf die hier nicht weiter eingegangen werden soll.

Nach den Klassifikationssystemen sind die Hauptsymptome der Anorexie starkes Untergewicht (BMI von 17,5 kg/m² oder niedriger), selbst herbeigeführter Gewichtsverlust durch Vermeidung hochkalorischer Speisen sowie übertriebene Bewegung, selbstinduziertes Erbrechen und/oder Gebrauch von Appetitzüglern, Abführ- und harntreibenden Mitteln. Es besteht eine ausgeprägte Angst vor Gewichtszunahme, eine Körperschemastörung und ein übertriebener Einfluss des Gewichts auf das Selbstwertgefühl. Die Bedrohlichkeit des Untergewichts wird geleugnet. Zudem kommt es zum Ausbleiben der Menstruation oder diese setzt erst gar nicht ein (Vocks und Legenbauer, 2005).

Bei Bulimie treten sog. „Fressattacken" auf, d. h. in einem kurzen Zeitraum werden große Mengen meist hochkalorischer Nahrungsmittel verzehrt, einhergehend mit einem Gefühl von Kontrollverlust. Kompensiert werden die „Fressattacken" durch Maßnahmen wie selbstinduziertes Erbrechen, Missbrauch von Abführmitteln, übermäßige körperliche Bewegung und restriktives Essverhalten. Es besteht eine krankhafte Angst, zu dick zu werden, und Figur und Körpergewicht besitzen ebenso wie bei der Anorexie einen übertriebenen Einfluss auf die Selbstbewertung (vgl. Warschburger und Fichter, 2000).

Die Störung des Körperbilds oder Körperschemastörung als zentrales Merkmal von Bulimie und Anorexie wird als ein ursächlicher sowie aufrechterhaltender Faktor bei Essstörungen betrachtet, dessen Mitbehandlung die Therapiechancen verbessert. Vocks und Legenbauer (2005) beschreiben die Auswirkungen der Körprbildstörung wie folgt: Bei jungen Frauen mit Essstörungen sind Unsicherheiten über die Ausmaße des Körper zu finden. Es besteht eine insgesamt negative Bewertung des Körpers und eine Fokussierung auf als negativ empfundene Bereiche mit hohem Einfluss auf das Selbstwertgefühl. Es entstehen überwiegend negative Gefühle bei der Konfrontation mit dem eigenen Körper, wie z. B. Angst, Ekel, Wut, Traurigkeit. Beispielsweise werden bestimmte Tätigkeiten wie Sport oder Tanzen, bei denen der Körper deutlicher gespürt wird, als unangenehm empfunden, Körperpflege, wie z. B. Eincremen, wird vernachlässigt, es finden ständige Vergleich mit der Figur anderer Personen statt oder die Frauen kontrollieren ständig ihr Gewicht und die Figur durch Wiegen und Nachmessen. Positive körperbezogene Tätigkeiten werden vermieden, der Körper wird als Last wahrgenommen und man kann sich nichts Gutes tun. Potenziell positive körperliche Aktivitäten werden meist nur unter leistungsbezogenen Aspekten ausgeführt (z. B. Spazierengehen, um Kalorien zu verbrennen).

3.2 Beschreibung der Klientel von „Via Annie"

Alle beschriebenen Symptome der beiden Essstörungsbilder lassen sich auch bei der Klientel von „Via Annie" wiederfinden. Die jungen Frauen leiden fast alle zudem unter Begleiterkrankungen wie Depressionen, Angst- und Zwangserkrankungen, Borderline-Störungen. Bei vielen findet sich seelischer und sexueller Missbrauch in der Vorgeschichte. Es handelt sich oftmals um ein stark traumatisiertes Klientel. Zentral bei allen findet sich eine massive Störung des Selbstwertgefühls, es fehlt das Gefühl, eine Existenzberechtigung zu besitzen. Dies äußert sich z. B. in übertriebenen Leistungsansprüchen in allen Lebensbereichen und Selbstbestrafungstendenzen bei einem vermeintlichen „Versagen" oder Scheitern an diesen hohen Ansprüchen. Die Fähigkeit, etwas um seiner selbst willen zu genießen und sich selbst fürsorglich zu behandeln, ist nur sehr schwach ausgeprägt bis gar nicht vorhanden. Die jungen Frauen betrachten ihren Körper zumeist als angsteinflößendes und hassenswertes Objekt, das es zu kontrollieren gilt, und nicht als Quelle angenehmer Empfindungen. Für viele ist der Körper kaum spürbar und es bedarf massiver und dadurch oft selbstschädigender Eingriffe, um ihn spürbarer zu machen, wie Selbstverletzung oder Fressanfälle mit Erbrechen. Der Körper wird instrumentalisiert, d. h. das gestörte Essverhalten sowie selbstverletzendes Verhalten werden z. B. zur Emotionsregulation benutzt. Es ist bei den meisten jungen Frauen eine starke Spaltung zwischen Kopf und Körper zu beobachten, es wird mittels des Verstands und des Willens versucht, körperliche Bedürfnisse und Emotionen abzuwehren und zu kontrollieren. Bei fast allen Klientinnen fallen Phasen hoher motorischer Unruhe auf.

Bei den Klientinnen lassen sich zudem Probleme im Sozial- und Beziehungsverhalten erkennen, zumeist mit der Tendenz zu misstrauisch-zurückgezogenem Verhalten, Bindungsproblemen und sozialer Unsicherheit. Die jungen Frauen haben Schwierigkeiten, ihre eigenen Grenzen zu erkennen und zu wahren. Solidarisches Verhalten untereinander und gegenseitige Unterstützung wird oftmals erschwert durch die Tendenz, untereinander um Figur und Gewicht zu konkurrieren. Viele junge Frauen haben aufgrund ihrer Krankheitsgeschichte, eines problematischen Familienhintergrunds und mangelnder sozialer Kompetenzen mit Isolation und Einsamkeit zu kämpfen.

Betrachtet man Körperhaltung und Körpersprache, so fällt zum Großteil eine Steifheit des Körpers auf sowie marionettenhaft wirkende Bewegungen und eine stark eingeschränkte Mimik und Gestik. Mittels ihrer Körpersprache wird eine Abwehrhaltung signalisiert und das Vermeiden körperliche Nähe und Berührungen, welche unangenehm erscheinen.

Die meisten Klientinnen wirken emotional wenig schwingungsfähig, berichten von einem mangelnden Zugang zu ihren Emotionen, welche auf sie unkontrollierbar und angstauslösend wirken.

Ein weiteres wichtiges Merkmal bei fast allen Frauen ist, dass sie wiederholt und über längere Zeiträume in stationärer und ambulanter Therapie waren und zum Teil als „übertherapiert" bezeichnet werden können. Es handelt sich in den meisten Fällen um sehr intelligente, hochsensible und sprachlich eloquente junge Frauen. Zudem sind überdurchschnittlich viele begabt im kreativ-gestalterischen und musischen Bereich, ein Großteil ist zudem sehr naturverbunden.

4. Überlegungen zur Umsetzung eines psychomotorischen Förderangebots

4.1 Literaturrecherche zum Einsatz psychomotorischer Ansätze im Bereich Essstörungen

Im Folgenden sollen die Ergebnisse einer Literaturrecherche zum Thema psychomotorischer Förderung junger Frauen mit Essstörungen kurz zusammengefasst und auf verwertbare Informationen für ein eigenes Konzept hin überprüft werden.

Bei der Literatursichtung fiel auf, dass es eine Vielzahl körper- und bewegungsorientierter Behandlungsansätze für den Bereich Essstörungen gibt. Obrock (2008) fasst einige der angewendeten Verfahren zusammen: Konzentrative Bewegungstherapie, Bioenergetik, Biodynamik, Gestalttherapie, Psychodrama, Sporttherapie, Leibtherapie, Heilpädagogische Bewegungs- und Tanztherapie, Atemtherapie, Autogenes Training, Eutonie, Yoga, Tai-Chi-Chuan, Feldenkrais.

In vielen Ansätzen finden sich zudem Verfahren der Körperbildtherapie, einem kognitiv-verhaltenstherapeutischen Behandlungsprogramm. Ziele dieses Ansatzes sind der Aufbau eines positiveren Körperbilds, einer besseren Bewertung des eigenen Körpers, Abbau negativer Kognitionen und Abbau körperbezogenen Vermeidungs- und Kontrollverhaltens sowie Aufbau positiver körperbezogener Aktivitäten. Der Fokus liegt also auf einer Veränderung von Wahrnehmung, Kognitionen, Emotionen und Verhalten. Die Körperkonfrontationensübungen werden mittels Spiegeln und Videoaufnahmen durchgeführt, es sind keine Bewegungselemente vorhanden (Vocks und Legenbauer, 2005; Meermann und Borgart, 2006; Reich, Götz-Kühne & Killius, 2004; Wunderer & Müller, 2008; Jacobi, Thiel & Paul, 2008; Bundesfachverband für Essstörungen, 2008).

Franke (2003) weist darauf hin, dass gezielte sportliche Übungen hypermotorisches Verhalten abbauen können. Übungen zur Körperwahrnehmung seien in der Regel sehr angstbesetzt, sie würden jedoch bei Überwindung dieser Angst als sehr hilfreiche Möglichkeit wahrgenommen, Zugang zum eigenen Körper und damit zur eigenen Person zu finden. Franke (2003) betrachtet dabei hohes Fingerspitzengefühl auf Seiten des Therapeuten als ausgesprochen wichtig. Entspannungstraining sieht sie nur in einzelnen Fällen als sinnvolle Therapiemethode an. Ihre Erfahrung ist, dass die meisten Frauen Entspannung als Kontrollabgabe bezüglich des Körpers sehen, wobei problematisch ist, dass der Körper als einziger Bereich betrachtet wird, den sie überhaupt zu beherrschen meinen. Daher sollte sehr vorsichtig vorgegangen werden und die Möglichkeit bestehen, die Übungen jederzeit zu unterbrechen.

Ein oft angewandtes tiefenpsychologisches Verfahren ist die Konzentrative Bewegungstherapie. Hier geht es um die Reinszenierung frühkindlichen Geschehens durch Körpererleben, Raumerleben und Beziehungserfahrung (Herzog, Munz & Kächele, 1996).

Zudem findet Therapeutisches Reiten bei Patientinnen mit Essstörungen Anwendung (Strausfeld, 1989; Leimer, 1994)

Die Ziele und Methoden der auffindbaren Ansätze lassen sich wie folgt zusammenfassen: Verbesserung der Körperwahrnehmung, der Körperakzeptanz, des Körperbilds, des Selbstwertgefühls, der Gefühlswahrnehmung, des Körperausdrucks, des Umgangs mit Nähe und Distanz, hierzu werden Körperkonfrontationsübungen, Entspannungsübungen und Massage, Vertrauensübungen, Partnerübungen und Übungen zur Körperwahrnehmung angewandt (Vocks und Legenbauer, 2005; Meermann und Borgart, 2006; Reich, Götz-Kühne & Killius, 2004; Wunderer & Müller, 2008; Jacobi, Thiel & Paul, 2008; Bundesfachverband für Essstörungen, 2008; Franke, 2003; Herzog, Munz & Kächele, 1996).

Zusammenfassend lässt sich sagen, dass die Literaturrecherche ziemlich unergiebig ausfiel und kaum Beiträge und Anhaltspunkte zur einer psychomotorischen Förderung junger Frauen mit Essstörungen vorliegen. Die beschriebenen körper- und bewegungsorientierten Verfahren werden zumindest sehr selten als Psychomotorik-Angebot deklariert. Sie lassen sich grob unterteilen in tiefenpsychologische und verhaltenstherapeutische Verfahren, die in der Praxis oft gemischt angewendet werden. Die in der verwendeten Literatur aufgefundenen Angebote beziehen sich auf einen stationären klinischen Rahmen und werden von Psychotherapeuten angeleitet. Es finden sich bis auf eine Ausnahme keine Beiträge zur Installation eines Angebots im Rahmen einer Jugendhilfeeinrichtung. Bei der Ausnahme handelt es sich um die therapeutische Wohngruppe der ANAD e. V.-Beratungsstelle in München, dort finden jedoch auch keine Psychomotorikangebote, sondern Körperbildtherapiegruppen statt, die von einer Psychotherapeutin angeleitet werden (Wunderer & Müller, 2008). Es wird dort auch therapeutisches Klettern als erlebnispädagogische Maßnahme angeboten (http://www.anad-pathways. de/de/55/esstoerung-erlebnispaedagogik-klettern.html). Eine weitere Internetrecherche zu Wohngruppen für Essgestörte ergab, dass einige davon Körperarbeit und -therapie, jedoch auch keine explizit als Psychomotorik deklarierten Angebote im Konzept verankert haben, es konnten hierzu auch keine Erfahrungsberichte ausfindig gemacht werden.

4.2 Befragung der Klientel zum Thema Psychomotorik

Vor der Hintergrund, die Klientinnen als Spezialistinnen und Expertinnen für sich selbst und ihre Erkrankung zu betrachten, wurden sie von mir zu ihren Erfahrungen mit psychomotorischen Förderangeboten befragt. Leitfragen waren dabei, welche Ziele sie für sich erreichen konnten, welche Themen ihnen wichtig waren, welche Übungen sie für sich selbst als förderlich befanden und welche nicht. Alle befragten Klientinnen haben an Psychomotorik-Angeboten im Rahmen stationärer Klinikaufenthalte teilgenommen.

Die Aussagen lassen sich wie folgt zusammenfassen: Die Teilnahme an Therapiegruppen erforderte von allen zunächst Überwindung, die Rückmeldungen der Gruppe wurden dann jedoch als hilfreich betrachtet. Einige konnten sich gar nicht oder erst nach mehreren Anläufen auf ein solches Angebot einlassen. Das „sich zeigen müssen" in der Gruppe wurde als schwieriger Punkt benannt. Alle fanden übereinstimmend den Einsatz von Materialien sehr hilfreich. Als angenehm wurden zudem Übungen benannt, in denen mit Hilfe von Material, wie Matten, Decken oder Igelbällen an der Körperwahrnehmung gearbeitet wurde und die Körpergrenzen spürbar wurden. Ein weiteres, oft genanntes Thema war der Umgang mit Grenzen, Nähe und Distanz in Gruppensituationen, sowie das Thema, seinen persönlichen Raum, seinen Platz zu finden und einnehmen zu dürfen. Als hilfreich wurden Übungen bezeichnet, in denen ein Gruppenzusammenhalt und Gemeinschaft spürbar wurde. Ein weiteres, oft benanntes Thema war der Umgang mit und Abbau von Aggressionen in einem geschützten Rahmen.

Fast alle der Klientinnen bezeichneten sich selbst als jemanden, der eher durch Bewegung als Entspannung mit sich selbst in Kontakt kommen könne. Entspannungsübungen wurden von fast allen als unangenehm bezeichnet: Dabei machten sie die Erfahrung, von negativen Gedanken überflutet zu werden, oder eine beängstigende Entgrenzung des Körpers zu spüren.

4.3 Rahmenbedingungen und besondere Voraussetzungen eines Förderangebots

Wie bereits beschrieben, werden bei „Via Annie" Körperarbeit und Entspannungspädagogik angeboten. Diese Angebote finden in Einzelsitzungen statt. Psychomotorische Förderung könnte ein sinnvolles Ergänzungsangebot zu diesen Einzelsitzungen darstellen. Während im geschützten Rahmen der Einzelsitzungen eher schwierige und schambesetzte Themen anhand von Spiegelkonfrontationen etc. bearbeitet werden könnten, wäre das Psychomotorikangebot als überwiegend bewegungs- und sozialerfahrungsorientiert denkbar. Dieses könnte zusätzlich zu den anderen Therapiegruppen und Angeboten im Wochenplan installiert werden.

Für das Angebot könnte die dem Kinderheim angehörige Sporthalle genutzt werden sowie die angrenzenden Grünanlagen. Für Angebote im Freien könnten auch naheliegende Parkanlagen und Wälder genutzt werden.

Das Angebot selbst sollte als feste Gruppe installiert werden, an dem grundsätzlich alle jungen Frauen teilnehmen, es sei denn, es liegen besondere Kontraindikationen vor.

Eine weitere wichtige Voraussetzung wäre, das Angebot eher niederschwellig anzusetzen und sehr vorsichtig und behutsam vorzugehen. Die Arbeit auf nonverbaler, körperlicher Ebene ist ein zentraler Bestandteil der pädagogischen Arbeit mit essgestörten jungen Frauen. Es ist aber auch ein besonders schwieriger, mit vielen Ängsten und Konflikten verbundener Bestandteil der ohnehin psychisch hochgradig belasteten, zum Teil traumatisierten Klientinnen, die ein mangelndes Gefühl für ihre Grenzen haben, deren seelische und körperliche Grenzen oftmals überschritten wurden. Wie ließe sich ein solches behutsames Vorgehen umsetzen?

Zum einen sollte jederzeit das Prinzip der Freiwilligkeit und Mitgestaltungsmöglichkeit beachtet und immer wieder betont werden. Abgesehen davon, dass dies dem Alter der Frauen als junge Volljährige angemessen ist, erhielten sie so die Möglichkeit, die eigenen Bedürfnisse wahrzunehmen und zu berücksichtigen und ihre Grenzen zu erkennen und zu wahren. Dieses Gebot gilt natürlich für alle jungen Menschen, die uns anvertraut sind, aber für diese jungen Frauen vor dem Hintergrund ihrer Erfahrungen und psychischen Labilität in ganz besonderem Maße. In regelmäßigen Reflexions- und Rückmeldungsrunden könnte man sich immer wieder einen Überblick über die Befindlichkeit der jungen Frauen einholen.

Zum anderen ist zu berücksichtigen, dass das Angebot im Rahmen der Jugendhilfe stattfindet, und daher von den Rahmenbedingungen und Qualifikationen der Mitarbeiter her nicht dieselben Möglichkeiten bietet wie ein stationärer Klinikkontext mit geschulten Psychotherapeuten. Themen und

Ansätze, bei denen die Gefahr besteht, die Klientinnen zu stark zu konfrontieren und aufwühlen, sollten daher nicht einbezogen werden. Wo hier die Grenzen liegen, ist natürlich individuell verschieden, was wiederum Argument für ein behutsames Vorgehen, Freiwilligkeit, und das Einbauen regelmäßiger Reflexions- und Rückmeldungsrunden ist.

Auf der anderen Seite sollte ein behutsames Vorgehen inhaltlich bei der Auswahl der Angebote aber nicht bedeuten, die Klientinnen „in Watte zu packen" und überzubehüten, dies würde der Zielsetzung einer Entwicklung des Selbstwertgefühls und Selbstbewusstseins zuwiderlaufen. Das Angebot sollte schon so angelegt sein, dass auch Herausforderungen und Entwicklungsmöglichkeiten bereitgestellt werden, bei denen die jungen Frauen Mut zeigen und in einem geschützten Rahmen über sich hinauswachsen können. Da in der Gruppe „Via Annie" zum Teil suchtakzeptierend gearbeitet wird, das heißt, dass dort auch stark chronifizierte Klientinnen mit einem über einen längeren Zeitraum sehr niedrigen Körpergewicht aufgenommen werden, wäre zu überlegen, sehr bewegungsintensive, körperlich anstrengende Übungen auszuklammern. Dies erscheint sinnvoller als ein Mindestgewicht vorauszusetzen, damit alle Klientinnen von dem Angebot profitieren können. Unabhängig davon sollte selbstverständlich in allen Fällen vor der Teilnahme am Angebot eine Zustimmung von ärztlicher und therapeutischer Seite eingeholt werden.

4.4 Ziele einer psychomotorischen Förderung

Wertet man die vorangehenden Abschnitte zur Beschreibung der Zielgruppe sowie die Stellungnahmen der Klientinnen selbst aus, so lassen sich für eine psychomotorische Förderung junger Frauen mit Essstörungen folgende Ziele festhalten:

- Verbesserung des Körpergefühls und der Körperwahrnehmung
- Verbesserung der Akzeptanz des Körpers durch positive Körpererfahrungen

- Erkennen und Zulassen von sowie Auseinandersetzung mit den eigenen Bedürfnissen
- Verbesserung sozialer Kompetenzen, Überwindung sozialer Ängste, Stärkung des Gemeinschaftsgefühls und der Kooperationsfähigkeit
- Verbesserung des Selbstwertgefühls und Selbstbewusstseins, Entwicklung eines positiven Selbstbilds
- Förderung von Emotionsausdruck und Kreativität
- Bearbeitung des Themas Grenzen, Nähe und Distanz

4.5 Inhalte und Methoden einer psychomotorischen Förderung

Im Folgenden sollen Vorschläge und Beispiele zu Inhalten und Methoden gesammelt werden, die als geeignet erscheinen, der Bedürfnislage der Klientinnen gerecht zu werden, berücksichtigt werden dabei die Erkenntnisse aus den vorangehenden Ausführungen.

Übungen zum Ankommen: Diese wären wichtig als Auftakt für eine Psychomotorikstunde, damit die sehr kopflastigen Klientinnen den Alltag hinter sich lassen und sich auf das Angebot einlassen zu können. Beispiele: Sich in der Halle in Bewegung versetzen, die Aufmerksamkeit auf die aktuelle Befindlichkeit zu richten, und diese in der Geschwindigkeit, Körperhaltung und Positionierung in der Halle auszudrücken. Wahlweise könnten hierfür auch Materialien angeboten werden (z. B. Decken, Matten), um das wichtige Thema „im Raum ankommen, sich Raum für sich nehmen" anzusprechen. Eine solcher Einstieg erscheint als sinnvolle Alternative zu einem Einstieg in verbaler Form (Blitzlicht o. ä.), da direkt der Fokus auf den Körper und die Befindlichkeit gerichtet wird und die Möglichkeit entfällt, sich hinter Worten zu „verbarrikadieren" ohne einen wirklichen Zugang zu seinen Gefühlen zu bekommen, was sich bei den Klientinnen oft beobachten lässt.

Übungen zur Kontaktaufnahme und Vertrauensbildung: Übungen zum Kennenlernen entfallen, da die Frauen ja zusammenleben und bereits gemeinsam andere Angebote wahrnehmen. Nach dem Ankommen in der Stunde und der Schaffung eines Zugangs zur eigenen Befindlichkeit wäre es wichtig, dass die jungen Frauen in spielerischer Weise miteinander Kontakt aufnehmen können, dabei die Position gegenseitiger Beobachtung, Vergleiche und des Konkurrenzdenkens verlassen können und stattdessen die Aufmerksamkeit positiv und neugierig auf den anderen richten, und sich selbst in der Kontaktaufnahme erleben. Beispiele: Sich begrüßen ohne Worte, nur mit Gesten verschiedener Art (Händeschütteln, Kopfnicken, Anlächeln, Verbeugen etc.). Weniger geeignet erscheinen Fangspiele, es wäre vorstellbar, dass diese eher Stress aufbauen und von den jungen Frauen nicht gut akzeptiert werden.

Übungssequenzen zur Vertrauensbildung erscheinen sinnvoll, um den Gruppenzusammenhang zu stärken, Berührungsängste abzubauen, und eine Grundlage zu schaffen für spätere anspruchsvollere Übungen aus dem Bereich Sozialerfahrung.

Körper- und Leiberfahrung: Hier bieten sich Übungen zum Körperschema und zum Körperbild an, z. B. Aufzeichnen und Abzeichnen lassen der eigenen Körperumrisse, Erstellung einer „Körperbiographie", anhand dieser Zeichnung mit dem Fokus auf positiven Erfahrungen, Erlebnissen etc., die diejenige Person geprägt haben.

Aufgrund der Brisanz des Themas Körpererfahrung für die jungen Frauen wäre zu überlegen, ob man mit der Beschäftigung mit einzelnen Körperpartien beginnt, und dann stückweise den ganzen Körper mit einbezieht, z. B. könnten man mit Übungen zur Hand- und Fußgeschicklichkeit beginnen, gegenseitig Finger-Massagen durchführen.

Ringen und Raufen als Themen der Körpererfahrung ließen sich eventuell auf einem sehr niederschwelligen Niveau zum Einsatz bringen, wie z. B. Ringen, bei dem sich nur die Handflächen berühren.

Materialerfahrung: Der Einsatz von Materialien wurden von allen befragten Klientinnen als hilfreich erlebt und kann eine „Brücke"/ein Hilfsmedium bilden, zum einen zu sich selbst und zur eigenen Körpererfahrung, zum anderen zu einer zunächst distanzierteren Form der Kontaktaufnahme zu den anderen Frauen.

Beispiele: Übungen mit Weichbodenmatten mit dem von den jungen Frauen in der Befragung erwähnten Ziel, die Körpergrenzen spürbar zu machen, z. B. sich zwischen zwei aufgestellten Matten durch die „Gletscherspalte" zu bewegen; „Sandwich"-Übung: Sich zwischen zwei Weichböden legen, darüber liegen weitere Personen und Weichböden. Weitere Ideen wären gegenseitige Massage mit verschiedenen Alltagsmaterialien, Partnerspiele mit Luftballons und Seilen.

Sozialerfahrung: Geeignet sind vor allem Spiele, in denen es um Bedürfniswahrnehmung, Nähe und Distanz, Kommunikation, Vertrauensbildung, Kooperations- und Konfliktfähigkeit geht. Eine gute Sammlung von Kooperationsspielen verschiedener Schwierigkeitsstufen bietet hier z. B. Reiners (2007).

Passend erscheint auch der Einsatz kreativer Medien, wie Schattentheater, darstellendes Spiel und Rollenspiele.

Übungen in der Natur: Psychomotorikeinheiten in der Natur bieten zusätzliche Möglichkeiten, die Sinne anzuregen und den entspannenden Effekt einer Naturumgebung zu nutzen. Die meisten der jungen Frauen halten sich erfahrungsgemäß gerne in der Natur auf und betrachten sich als naturverbunden und diese Vorliebe ließe sich gut nutzen.

Neben Vertrauens- und Kooperationsspielen sowie Spielen zur Wahrnehmung, bietet es sich z. B. auch an, Entspannungsübungen, welche laut Literatur und der Frauen selbst eher schwierig durchzuführen sind, in der Natur auszuprobieren (z. B. eine „Baum-Meditation", zu finden bei Baum (2000)).

4.6 Grenzen einer psychomotorischer Förderung

Die Erfahrung zeigt, dass die beschriebene Klientel zu Angeboten aller Art meist sehr schwer zu motivieren ist. Das liegt zum einen an der Erkrankung, welche Phasen wechselnder Krankheitseinsicht mit sich bringt, zum anderen an einer geringen Belastbarkeit und mangelndem Durchhaltevermögen, denn die Frauen stoßen mit der Aufgabe, ihre Krankheit und zugleich die Alltagsanforderungen zu bewältigen, oftmals an ihre Grenzen, und tendieren dazu, die pädagogischen und therapeutischen Angebote des Hilfesystems in stressigen Phasen eher als zusätzliche Belastung denn als Unterstützungsangebot wahrzunehmen.

Es ist vermutlich auch nicht zu unterschätzen, dass die Beschäftigung mit dem Körper krankheitsbedingt als sehr aversiv erlebt wird und gerade zu Beginn eines Psychomotorikangebots auf Seiten der Klientinnen Vorbehalte bestehen werden und Blockaden überwunden werden müssen, und dass manche Klientinnen sich überhaupt nicht auf das Angebot einlassen können.

Grenzen sind auch im Setting des Jugendhilfeangebots zu sehen. Ein Psychomotorikangebot ist nur ein einzelner Baustein, eingebettet in ein Hilfesystem mit weiteren Angeboten, und kann natürlich nicht die Wirkung eines stationären Angebots in einem Kliniksetting erzielen. Hier sind sicherlich ganz andere Möglichkeiten gegeben, Themen therapeutisch aufzuarbeiten und tiefer in Thematiken einzusteigen.

5. Resümee

In der vorliegenden Arbeit wurde versucht, Bedingungen zur Entwicklung eines psychomotorisches Förderangebots für junge Frauen mit Essstörungen im Hilfesystem „Via Annie" zu erarbeiten und Vorschläge zur Umsetzung eines solchen Angebots zu machen. Hierzu wurde die Zielgruppe näher untersucht anhand einer Beschreibung der Symptomatik durch Fachliteratur und die eigenen Berufserfahrungen. Für die Überlegungen zu konkreten Zielen, Rahmenbedingungen, Methoden und Inhalten eines Förderangebotes wurde ebenfalls Literatur herangezogen, sowie Erfahrungsberichte der betroffenen jungen Frauen. In der Literatur finden sich insgesamt wenig Anhaltspunkte und Erfahrungsberichte zum psychomotorischen Arbeiten mit essgestörten Frauen.

Zusammenfassend kann gefolgert werden, dass ein psychomotorisches Förderangebot eine sinnvolle Ergänzung zu den vorhandenden pädagogisch-therapeutischen Angeboten des Intensivangebots „Via Annie" darstellt. Der nonverbale, körperorientierte Zugang erscheint sehr passend für die chronifiziert essgestörten Klientinnen, die oft übertherapiert sind und bei denen viele verbal-kognitive Therapiemethoden ausgereizt erscheinen. Aufgrund der Äußerung der Symptomatik über den Körper wird deutlich, dass ein Psychomotorikangebot für Klientinnen mit Essstörungen unverzichtbar erscheint.

Inhaltlich gesehen lässt sich feststellen, dass sich viele Übungen aus den Bereichen Körper- und Leiberfahrung, Materialerfahrung und Sozialerfahrung nutzen lassen, wenn sie an die speziellen Vorbedingungen und Bedürfnisse der Klientel angepasst werden. Für den Umgang mit den oft schwer erkrankten, teilweise traumatisierten Klientinnen ist ein sehr vorsichtiges Vorgehen notwendig, das zudem eine ärztliche und therapeutische Einrahmung erfordert, die aber im Hilfesystem ohnehin gegeben ist.

Ein wichtiger Punkt ist die ständige Motivationsarbeit, um die jungen Frauen zur permanenten Mitarbeit anzuregen. Hierzu sollten sie selbst auch immer wieder mit in die Gestaltung des Angebots einbezogen werden, um der oft vorhandenen Haltung, sich Angebote in einer Art Konsumhaltung vorsetzen zu lassen, und diese dann abzulehnen oder als nicht ausreichend zu befinden, entgegenzuwirken.

Bei der praktischen Umsetzung könnten sich Probleme durch die geringe Gruppengröße ergeben. Es wäre zu überlegen und auszuprobieren, ob ein gruppenübergreifendes Angebot für das gesamte Hilfesystem „Annie" sinnvoll und möglich wäre, und ob die dann vorhandene sehr weite Altersspanne Probleme verursacht.

6. Literatur

BAUM, H. (2000). Bei den Buchen mußt du suchen. Spiele im Wald. Freiburg: Herder.

Bundesfachverband für Essstörungen (2008). Essstörungen. Ursachen und Risikofaktoren- Hilfe und Unterstützung. München: Compact.

FICHTER, M. & Warschburger, P. (2000). Essstörungen. In Petermann, F. (Hrsg.), Lehrbuch der klinischen Kinderpsychologie und -psychotherapie (562–585). Göttingen: Hogrefe.

FRANKE, A. (2003). Wege aus dem goldenen Käfig. Anorexie verstehen und behandeln. Weinheim: Beltz.

HERZOG, W., Munz, D. & Kächele, H. (1996). Analytische Psychotherapie bei Essstörungen. Therapieführer. Stuttgart, New York: Schattauer.

http://www.anad-pathways.de/de/55/essstoerung-erlebnispaedagogik-klettern.html

LEIMER, G. (1994). Indikation von heilpädagogischem Voltigieren/Reiten bei Anorexia Nervosa. Deutsches Kuratorium für Therapeutisches Reiten. Sonderheft S. 70–73.

MEERMANN, R. & Borgart, E. (2006): Essstörungen: Anorexie und Bulimie. Ein kognitiv-verhaltenstherapeutischer Leitfaden für Therapeuten. Stuttgart: Kohlhammer.

OBROCK, M. (2008). Körperwahrnehmung. Einstellung zum Körper bei Mädchen mit Anorexia nervosa in der Adoleszenz. Bonn: Psychiatrie-Verlag.

REICH, G., Götz-Kühne, C. & Killius, U. (2004). Esstörungen. Stuttgart: Trias.

REINERS, A. (2007). Praktische Erlebnispädagogik. Bewährte Sammlung motivierender Interaktionsspiele. Augsburg: ZIEL.

STRAUSFELD, P. (1989). Selbsterfahrung und Entspannung auf dem Pferd. Therapie für essgestörte Patientinnen einer Fachklinik für suchtkranke Frauen. Praxis der Psychomotorik. Heft 4. S. 169–172.

VOCKS, S. & LEGENBAUER, T. (2005). Körperbildtherapie bei Anorexia und Bulimia Nervosa. Ein kognitiv-verhaltenstherapeutisches Behandlungsprogramm. Göttingen: Hogrefe.

WUNDERER, E. & MÜLLER, E. (2008). Körperbild und Körperfürsorge, in WUNDERER, E. & SCHNEBEL, A., Interdisziplinäre Essstörungstherapie. Weinheim und Basel: Beltz. S. 200–215.

Das H.E.A.R.T.©-Konzept – Gewaltprävention in einer stationären Einrichtung der Erziehungshilfe –

1. Einleitung

Das im Modell „Leben lernen" angewandte H.E.A.R.T.©-Konzept (Holistic & Educational Anger Response Training) ist ein ganzheitlich-erzieherisches Intensivprogramm basierend auf den Grundlagen taoistischer Philosophie und den daraus entstandenen TCA (Traditional Chinese Arts – Taoist Cultural Arts). Erstmalig wurde in einem intensivpädagogischen Kontext ein systematisches Präventionskonzept nach den Methoden der TCA angewandt und im Alltag praktiziert. In den so genannten „Out of Range"-Situationen wurde die Interventionsstrategie der TCA auch zur körperlichen Begrenzung angewandt. Mit Respekt und Würde begegnen wir den Kindern und Jugendlichen in deren größter Krise, die wir als „Out of Range"-Situation bezeichnen. Dieses Begegnen ist immer auch ein körperliches Begegnen. Die von Prof. Dr. Günder (FH Dortmund) (unveröffentlicht) durchgeführte vierjährige Evaluation des Modells „Leben lernen" konnte u. a. eine signifikante Verminderung aggressiver Verhaltensmuster nachweisen.

2. Die Rahmenbedingungen

Träger

Ev. Kinderheim, Jugendhilfe Herne & Wanne-Eickel gGmbH

Lage

Wir bewohnen ein ehemaliges Bauernhaus in Alleinlage in ländlicher Gegend, ca. 15 km südlich von Münster. Das Haus hat ca. 450 qm Wohn- und Nutzfläche. Es bietet sechs Kindern/Jugendlichen Einzelzimmer mit Gemeinschaftsduschen/-bädern. Zum Haus gehören eine Scheune mit weiteren Nutzmöglichkeiten und ein ca. 3700 qm großes Grundstück. Über die

Kerngruppe hinaus bieten wir ein integriertes Verselbstständigungskonzept aufgeteilt in verschiedene Stufen:

- Differenzierung: hier bewohnen max. zwei Jugendliche eine im Gebäude angeschlossene Einliegerwohnung.
- Trainingswohnung: hier bewohnen jeweils max. zwei Jugendliche eine Wohnung außerhalb des Stammhauses.
- Stufe I: hier bewohnen jeweils max. zwei Jugendliche eine Wohnung außerhalb des Stammhauses.
- Stufe II: hier bewohnt ein Jugendlicher ein Apartment außerhalb des Stammhauses.
- Stufe III: entspricht dem Sozialpädagogisch Betreuten Wohnen (SBW).

Aufnahme

Rechtliche Grundlage für eine Aufnahme sind die §§ 27, 34, 35 und 35a SGB VIII.

Zielgruppe

Aufgenommen werden Jungen im Alter zwischen 12 und 16 Jahren, bei denen in mehreren Bereichen der Persönlichkeit schwere Störungen der charakterlichen Konstitution und des Verhaltens vorliegen und mit persönlichen und sozialen Beeinträchtigungen einhergehen.

Förderziele

Planmäßige Ziele der intensivpädagogischen Betreuung sind, in einem kreativen pädagogischen Prozess die nicht erkannten Stärken und Fähigkeiten des einzelnen Kindes/Jugendlichen erfahrbar zu machen, um damit eine Lebensqualität definieren zu können, welche die Symptome der Auffälligkeiten abbaut, seine Fähigkeiten und seinen Willen stärkt, und um Verhaltenssicherheiten im Umgang mit sich selbst und der Umwelt zu gewinnen.

Mitarbeiter

In diesem Hilfeangebot sind ausschließlich Pädagogen mit Zusatzausbildungen beschäftigt.

Personalanhaltswert: in der Basisgruppe: pädagogischer Mitarbeiter: ein Mitarbeiter zu 0,86 Kindern.

3. Entwicklungsförderung nach dem H.E.A.R.T.©-Konzept (Holistic & Educational Anger Response Training)

Grundlagen

Das H.E.A.R.T.©-Konzept ist entstanden aus dem Zusammentreffen von gewalttätigen, schwersttraumatisierten Kindern und Jugendlichen und dem Dipl.-Heilpädagogen Norbert Meller, gleichzeitig auch TCA-Lehrer (Traditional Chinese Arts – Taoist Cultural Arts). Es besteht aus zwei Modulen:

Modul I beschäftigt sich mit TCA als Gewaltprävention, basierend auf dem taoistischen Selbstregulationsmodell.

Modul II vermittelt TCA im Kontext von Krisenintervention, einschließlich körperlicher Begrenzung – Physical Restraint, wie es im englischsprachigen Bereich formuliert wird. Die Leitsymptome bei fast allen traumatisierten Kindern und Jugendlichen sind impulsiv-aggressive Gewaltausbrüche, Konzentrationsstörungen und Leistungsverweigerung. Hinzu kommt eine permanent erhöhte innere Anspannung, die zu häufigen Entgleisungen führt, sei es verbaler Art im Sinne von Beleidigungen oder körperlicher Art im Sinne von gewalttätigen Übergriffen. Diese ständige innere Wut, die sich nicht artikulieren lässt, diese Überflutung innerer Bilder, kann Angst auslösen; Angst, die wieder in Wut umschlägt. Es gibt für Kinder und Jugendliche scheinbar keinen Halt, weder innerlich noch äußerlich

Die taoistische Philosophie manifestiert sich in TCA. TCA ist sozusagen „Philosophie in Bewegung". Das taoistische Modell eines sich selbst regulierenden Systems, wie es im Yin/Yang-Konzept ausgedrückt wird, führte zur Entwicklung und Anwendung von TCA im Sinne einer präventiven „Selbstregulationstherapie".

TCA als Selbstregulationstherapie

Aus diesen Beobachtungen heraus ergeben sich die folgenden inhaltlichen Anforderungen:

- Arbeit an den Quellen, d. h. traumapädagogische Lebensbewältigung,
- Umwandlung der inneren Anspannung in Entspannung,
- Umlenkung negativ aggressiver Entladung in positive Energie,
- Aufbau sozialer Kompetenzen,
- Entwicklung eines positiven und leistungsbereiten Selbstbildes,
- eingebettet in ein lebenspraktisches, philosophisch orientiertes Weltbild, geprägt von Respekt und Würde im Umgang miteinander und mit der Natur.

Systematisches Entspannungstraining

Das TCA-Training basiert auf der Überzeugung, dass wir unser wirkliches Kraftpotential nur in einem entspannten Zustand erreichen. Das konkrete Training ist das Einüben der vier Prinzipien des Chi-Konzeptes, das weiter unten beschrieben wird. Wichtig ist die Tatsache, dass zu jedem Training auch das gegenseitige Testen von Kraft gehört. Entspannte Kraft eben.

Persönlichkeitsentwicklung

Große Kraft bedeutet immer auch große Verantwortung, Verantwortung gegenüber sich selbst, seinen Mitmenschen und der Natur. Respekt und Würde im Umgang miteinander sind konkret zu erlebende Inhalte jeden TCA-Trainings und Grundlage jeder erzieherischen Haltung.

Integration kämpferischer Elemente

Aggression ist in jedem von uns und es ist wichtig, dieses Element positiv zu erleben, sich in Einheit mit seinem Partner zu bewegen, kämpferisch, ohne Sieger und Besiegten, den Fluss der Einheit zu fühlen, wie aus einem ICH und DU ein WIR entsteht.

Das Interaktionskonzept l Fu Shou – Fühlende Hände

Dieses WIR entsteht gewissermaßen aus einem Loslassen eigener Zielgerichtetheit hin zu einem Sich-Einlassen auf seinen Partner. Diesen zu fühlen, seine Bewegungen zu fühlen und das noch nicht Geschehene zu antizipieren, ist anzustrebendes Ziel.

Graduierungssystem

Das Curriculum der TCA ermöglicht ein entsprechendes individuelles Weiterkommen und findet seine äußere Symbolik in einer Gradierung. Gleichzeitig ist jede Gradierung immer auch mit Statuszuwachs verbunden und kann somit positiv für den erzieherischen Prozess genutzt werden.

TCA im Kontext von (körperlicher) Krisenintervention

Im Alltag einer intensivpädagogischen Gruppe (aber nicht nur dort) gibt es häufig massiv regelverletzende Übergriffe, die eine sofortige Intervention erfordern. Wir sprechen dann von „Out of Range", wenn Kinder und Jugendliche ausrasten, keine Selbststeuerung mehr haben, nicht mehr sprachlich erreichbar sind, Eigen- und Fremdgefährdung drohen. Wir begleiten die Kinder und Jugendlichen mit Respekt und Würde in einer solchen existentiellen Krise, die immer auch deren Körperlichkeit impliziert.

4. TCA als systematisches Gewaltpräventions-programm

Kernideen der Philosophie

Das Ziel taoistischer Philosophie ist es, eine Lebensführung zu praktizieren, die sich im Einklang mit der Natur befindet. Dies bedeutet letztlich im Gleichgewicht innerer und äußerer Einflüsse zu sein. Der Taoismus kennt keine schriftlichen Glaubenssätze oder Gebote und kann nicht über eine ausschließlich intellektuelle oder sprachliche Weise verstanden werden. Taoismus gründet sich auf den Prinzipien der Natur, und wie wir natürliche Situationen als einen Lerngegenstand begreifen können, um Menschen bei der Lösung ihrer vielfältigen Probleme zu unterstützen, sei es physischer, geistiger, seelischer oder emotionaler Natur.

Spontaneität und Kreativität

Kinder und Jugendliche reagieren in der Regel ungehalten auf Beschränkungen oder Verhaltensregeln, wie sie sich als zukünftige Erwachsene zu verhalten haben. Jede Strategie, die auf rigiden oder dogmatischen Vorstellungen beruht, ist zum Scheitern verurteilt, da jedes Kind/jeder Jugendliche diese umgehen wird. Dies funktioniert jedoch nicht, wenn eine erzieherische Haltung des annehmenden Verstehens praktiziert wird. Regeln sind dazu da, unsere Verhaltensweisen zu vereinfachen. Die Tatsache, dass jeder Mensch verschieden ist, führt zu einer individuellen Sichtweise; somit erfordert jede professionelle Arbeit mit Kindern und Jugendlichen eine spontane und annehmende Herangehensweise an jede neue Situation.

Flexibilität und Nachgiebigkeit

Flexibilität umfasst sowohl den geistigen als auch den körperlichen Bereich. Nachgiebigkeit ermöglicht die Entwicklung eigener Sensitivität, die in der Übung „Fühlende Hände" zur Perfektion gelangt. Nachgiebigkeit schützt nicht nur vor Verletzungen, sondern auch den Angreifer – als Ergebnis unserer Anwendung von Kontrolltechniken. Alle taoistischen Techniken sind in der Gesundheit verwurzelt und das Letzte, was wir wollen, ist jemandem Schaden zuzufügen.

Unsere Trainingsmethoden ermöglichen es, den „Chi"-Fluss zu erfahren, d. h. unsere eigene innere Energie. Dies ist der Weg, sowohl unsere Sinne als auch unsere innere Balance, den Zustand einer tiefen inneren Ruhe zu entwickeln, als die wohl beste Voraussetzung, um sich in gewalttätigen Situationen zu verteidigen.

Sensitivität

Dies ist die Kernkompetenz, die uns das richtige Handeln zur richtigen Zeit ermöglicht: Sie kann nicht ersetzt werden durch clevere Rezepte, Handlungsanweisungen oder standardisierte Handlungsroutinen. Ein Sensitivitätstraining führt zu erheblichen Verbesserungen der Wahrnehmung und zu einem erhöhten Bewusstsein für potentiell gefährliche Situationen. Sensitivität ist immer einem an Regelkatalogen orientierten Denken und Handeln überlegen, da dieses erstens längere Zeit zur Verinnerlichung benötigt und zweitens bei unvorhersehbaren Änderungen versagt.

Regenerierung, Fluss

Die beste Art der Bewegung sind Kreise. Kreise regenerieren die Energie, die sonst verpuffen würde. Wenn jemand angreift und man mit einer geraden Blockbewegung reagiert, verlässt man sich hauptsächlich auf seine stärkere physische Kraft, um den Angriff umzulenken. Aber was ist, wenn der Angreifer physisch stärker ist? Offensichtlich ist diese Strategie nicht immer effektiv. Dagegen ist eine kreisförmige Bewegung deutlich effektiver, da sie eine Reaktion beim Angreifer provoziert, die genutzt werden kann, um das Gleichgewicht zu lenken, wodurch die ursprüngliche Kraft des Angreifers sich gegen ihn selbst richtet.

Yin und Yang, Selbstregulation

Yang verkörpert direkte Aktion, Aktivität und Erweiterung, wohingegen Yin das Indirekte, Passivität und Kontraktion verkörpert. In der traditionellen taoistischen Medizin spielt das Yin/Yang-Konzept eine bedeutende Rolle und alle Krankheiten können letztendlich einer der beiden Kategorien zugeordnet werden. Das Yin/Yang-Prinzip beinhaltet Gegensätze und doch befinden sich beide in einer harmonischen Balance miteinander. Die Balance von Yin und Yang ist dynamisch und somit permanent verändernd, deshalb ist eine flexible Haltung so außerordentlich wichtig. Yin und Yang sind keine abstrakten Konstrukte, sondern natürliche, reale Prinzipien, die wir jeden Tag beobachten können: sei es im Wechsel der Jahreszeiten, im Wechsel von Tag und Nacht oder im Wechsel des Wetters. Wenn ein Element extrem wird, verändert es sich ins Gegenteil, deshalb ist ein Zulassen natürlicher Kreisläufe von größter Bedeutung.

Ganzheitliche Sicht

Sämtliche beschriebene Prinzipien sind miteinander verbunden und dürfen nicht isoliert betrachtet werden. Weitere Gesichtspunkte sind Ernährung, die Umgebung, der geistige, physische und emotionale Zustand, sowie eher energetische Hinweise, die zu diagnostischen Zwecken genutzt werden und zu einem vertieften Verständnis gegebener Situationen führen.

Praxis

TCA ist Philosophie in Bewegung, sozusagen die bewegungsmäßige Umsetzung der philosophischen Konzepte in seinen drei elementaren Bereichen: den Bewegungs-, Verteidigungs- und Heilkünsten.

Zu den Bewegungskünsten zählen:

- Tai Chi – Meditation in Bewegung
- Tao Yin – Atemübungen
- K'ai Men – die taoistische Version des Yoga und der spezielle Chi Kung-Stil der Lee-Familie
- Übungen mit dem Ziel der Entwicklung, Stimulierung und Lenkung der Chi-Energie. Chi ist als Lebensenergie, als innere Kraft, als energetische Grundsubstanz allen Lebens zu verstehen.
- I Fu Shou – Fühlende Hände, taoistische Interaktionstherapie.

Zu den Verteidigungskünsten zählen:

- Feng Shou – weiches Kung Fu
- Chi Shu – Balancearbeit, Wurftechniken
- Chuai Shao – Bodenkampf.

Zu den Heilkünsten zählen:

- Tuina – Energie- und Druckpunktmassage; sie soll innere und äußere Blockaden und Verspannungen lösen, und den inneren Energiefluss anregen.
- Ch'ang Ming – übersetzt bedeutet dies, die „Kunst des langen Lebens". Im taoistischen Sinne gilt es, ein zufriedenes, sinnerfülltes und gesundes Leben zu genießen. Neben lebensphilosophischen Elementen umfasst Ch'ang Ming auch konkrete Ernährungsweisen und spezielle Diäten.

TCA Handlungsprinzipien als bewegungspädagogische Orientierung

Neben festgelegten Bewegungsabläufen, in denen spezifische Handlungsprinzipien umgesetzt werden, folgen die Partnerübungen eher spontan ständig wechselnden Bewegungsabläufen, die nie vorhersehbar sind. Bewegung in Einheit von Körper und Geist basiert auf der Umsetzung folgender vier Prinzipien:

- völlige geistige und körperliche Entspannung,
- das Gewicht sinken lassen, die Schultern sind entspannt, die Gelenke locker,
- die Aufmerksamkeit auf den „Tan Tien"-Punkt unterhalb des Bauchnabels richten, den Atem ebenfalls dort fokussieren im Sinne einer tiefen Bauchatmung,
- sein „Chi" fließen lassen und niemals physische Kraft gebrauchen.

Auch in den weiteren Handlungsprinzipien werden folgende taoistische Konzepte erkennbar:

- Nutze die Kraft des Nachgebens, fließe mit der Bewegung und gebrauche immer kreisförmige, runde Bewegungen.

- Weiche einem Angriff immer aus, sei immer spontan und passe dich den Situationen an.
- Klebe an deinem Partner und fühle die Richtung, in die du ihn lenken kannst.

Die Durchführung

TCA ist ein in das Modellprojekt „Leben lernen" integrierter Bestandteil des pädagogischen Konzeptes:

Zweimal wöchentlich trainieren alle anwesenden Kinder und Jugendlichen für eine Stunde. Es hat sich im Laufe der Jahre ergeben, dass ein Termin inhaltlich den Schwerpunkt mehr auf Partnerübungen legt. Der zweite Termin hat seinen Schwerpunkt in den Formen, im Chi Kung und der Massage. Je nach pädagogischem Prozess gibt es zusätzliche Einzeltrainings bzw. Partnerübungen. In den Sommerferien gibt es für alle Kinder und Jugendlichen ein einwöchiges Sommercamp.

TCA als Gruppensetting

Das TCA-Training ist in den normalen Wochenablauf der Wohngruppe integriert. Zweimal pro Woche wird in speziellen Trainingsräumen trainiert. Wie vorhin beschrieben, haben beide Trainingseinheiten unterschiedliche Schwerpunkte und werden daher auch in zwei verschiedenen Räumen angeboten:

Für die Partnerübungen im Kontext von Bewegungs- und Verteidigungseinheiten wird etwas mehr Platz benötigt, so dass dieses Training in einer umgebauten Scheune stattfindet. Der Raum wurde im Vorfeld mit den Jugendlichen gestaltet. Der Boden ist mit Judomatten ausgelegt, die Wände wurden mit warmen Farben gestrichen und mit chinesischen Schriftzeichen versehen.

Der Raum für die Heilkünste und den Entspannungs-, Atem- und Konzentrationsübungen befindet sich in dem Verselbstständigungsbereich des Wohnprojektes und ist in fünf Gehminuten erreichbar. Der Raum wurde mit gedeckten Farben gestrichen und recht gemütlich mit Sitzkissen, warmem Licht usw. eingerichtet. Bevor einer der beiden Räume betreten wird, verbeugt man sich, um auf einen respektvollen Umgang miteinander hinzuweisen. Darüber hinaus läutet dieses Ritual den Beginn des Trainings ein, was eine punktgenaue Konzentration auf das folgende Training ermöglicht.

Schwerpunkt I: Partnerübungen im Gruppenkontext

Das Training beginnt mit einer Begrüßung. Dabei stehen die Jugendlichen dem Pädagogen/Instruktor gegenüber und verbeugen sich. Im Trainingsraum gibt es besondere Verhaltensregeln. Diese sind allen Jugendlichen im Normalfall bekannt. Bei Neuaufnahmen erklären die Jugendlichen dem „Neuen" die Regeln. Im Einzelnen heißt dies:

- Zum Training trägt man Sportkleidung.
- Kein Treten und Schlagen.
- Respekt voreinander haben und dies beispielsweise bei Partnerübungen durch eine kurze Verbeugung zeigen.
- Die Ansagen des Instruktors werden befolgt. Einige Teile des Trainings werden von erfahrenden Jugendlichen angeleitet, so dass die Gruppe dann auf die Anweisung des anleitenden Jugendlichen hört.
- „Stopp heißt Stopp". Einige Übungen beinhalten Körperkontakt. Sobald es einem Jugendlichen unangenehm wird oder die Übung zu schnell wird, kann er die Übung durch ein ausgesprochenes Stopp unterbrechen.
- Jeder Jugendliche macht alle Übungen mit. Wenn er diese noch nicht kann, bemüht er sich dennoch.
- Wer stört oder nicht mitmacht, holt die verlorene Trainingszeit anschließend nach.

Nach der Begrüßung beginnt das Warmmachen und Dehnen. Hier werden besonders die Handgelenke und die Arme gedehnt, Kräftigungsübungen wie Liegestützen gehören ebenfalls zum Aufwärmprogramm. Anschließend werden Übungen durchgeführt, die jeder Jugendliche alleine macht, wie z. B. Tai Chi-Form oder Tai Chi-Tanz. Hier wird neben der Körperwahrnehmung auch dynamische Entspannung trainiert. Oft ist es erstaunlich, wie kognitiv eher schwache Jugendliche in der Lage sind, sich die Abfolge der einzelnen Figuren und Bewegungen zu merken und tatsächlich eine Entspannung zu fühlen. Sobald die Basis im Trainingsprogramm mit Einzelübungen geschaffen wurde, werden Partnerübungen durchgeführt. Diese sind so aufeinander aufgebaut, dass die Jugendlichen in der Lage sind, immer mehr Entspannung zuzulassen. Das zentrale Thema „Entspannung" ist wichtig, da die Jugendlichen in der Regel sehr angespannt sind und so neue Anforderungen nur selten zulassen können. Sie lernen, ihre Anspannung fallen zu lassen und können somit auch neue und unbekannte Einflüsse auf sich zukommen lassen. Dies kommt ihnen dann nicht nur in den Trainingseinheiten zu Gute, sondern auch in ihrem Alltag. Wenn sie verinnerlicht haben, dass sie mit einer entspannten Haltung einfacher handeln können, dann entwickeln sie beim Training, aber auch im Alltag mehr Spaß und Zufriedenheit. Ziel ist es, dass Jugendliche dies selbst nachfühlen können.

Ein Beispiel: Wir führen eine Übung durch, die „Fühlende Hände" heißt. Zwei Jugendliche berühren sich mit den Unterarmen und fühlen den Druck des anderen und geben nach, so entsteht eine kreisende Bewegung mit den Armen. Jeder versucht, den anderen aus dem Gleichgewicht zu bringen. Ein Jugendlicher gibt nach und spürt, dass der starke Druck des anderen einfach verpufft und dieser die Balance verliert. Der Jugendliche ist verblüfft und stellt Folgendes fest: Wenn ich nachgebe, bin ich dem anderen überlegen.

Mit jedem Training entwickeln sich die Jugendlichen weiter, verbessern ihre Koordination, ihr Körpergefühl und ihre Konzentration. Wenn die Jugendlichen in der Lage sind, ihre Fähigkeiten adäquat einzusetzen, werden auch Verteidigungs- und Ausweichübungen vermittelt. Hierbei wird der Fokus ebenfalls auf die entspannte Haltung gesetzt. Die Jugendlichen lernen z. B. einfache Angriffe so umzulenken, dass der Gegner seine Balance verliert. Oder so auszuweichen, dass sie die Balance behalten und ihr Gegner sie nicht trifft. Alle Übungen basieren stets auf dem respektvollen Umgang mit dem Partner. Die Möglichkeit sich verteidigen zu können, ohne den Angreifer zu verletzen, stärkt das Selbstbewusstsein der Jugendlichen.

Zum Abschluss des Trainings wird die sogenannte Tai Chi-Form gemacht. Eine besondere Form des Tai Chi mit langsamen, gleichmäßig fließenden Bewegungsabfolgen, welche den Jugendlichen einen ruhigen Ausstieg ermöglicht. Das Abschlussritual beinhaltet eine Atmungsübung und eine Verbeugung.

Im Regelfall entwickeln die Jugendlichen eine Menge Spaß an den Übungen. Allerdings kommt es bei Neuaufnahmen oft zu einer Verweigerungshaltung, da sie mit dieser Art des Trainings überfordert sind. Ebenfalls häufig zu beobachten sind gewisse wechselnde Sympathiebekundungen bzw. auch Unlustgefühle je nach dem Partner, mit dem trainiert werden soll. Da jeder mit jedem trainiert, gibt gerade dieser Aspekt im gruppendynamischen Kontext sehr wertvolle Hinweise über momentane Gruppenstrukturen. Und natürlich ist es auch ein Instrument des Pädagogen, diese Gruppenstrukturen zu beeinflussen, indem soziale Interaktionen im Training initiiert werden.

Zusätzlich können die Jugendlichen Prüfungen für eine Einstufung in ein Schülergraduierungssystem machen. Diese qualifiziert dann den Jugendlichen, bestimmte Teile des Trainings zu übernehmen. Dies führt meist zu einem verbesserten Status innerhalb der Gruppe, wovon der Jugendliche auch im Alltag profitiert.

Schwerpunkt II: Das Training der Heilkünste, der Entspannungs-, Atem- und Konzentrationsübungen

Wie vorab schon beschrieben, findet das zweite Gruppensetting außerhalb der Wohngruppe statt. Der Raum befindet sich innerhalb einer Verselbst-

ständigungswohnung, die ebenfalls zu dem Wohnprojekt „Leben lernen"
gehört. Um eine gewisse Sauberkeit zu garantieren, müssen sich die Jugendlichen die Schuhe ausziehen und auf Socken in den Raum gehen. Nachdem
sich anfänglich mehrere Jugendliche über den Geruch ihrer Füße geschämt
haben, sind wir dazu übergegangen, dass sich alle vor dem Training die Füße
waschen und frische Socken anziehen. Erst danach begibt sich die Gruppe
zu dem Trainingsraum.

Das Training ist sehr viel ruhiger und konzentrierter gestaltet als das Bewe-
gungs- und Verteidigungstraining. Alle Jugendlichen und Pädagogen sitzen
im Schneidersitz auf bequemen Sitzkissen. Das Training beginnt mit einer
Atemübung im Sinne tiefer Bauchatmung. Die Jugendlichen schließen die
Augen und halten für ein paar Minuten inne. Sie konzentrieren sich nur auf
sich selbst, ihren Atem und lassen sich auch von störenden Geräuschen anderer Jugendlicher nicht ablenken. Der Pädagoge erzählt mit ruhiger Stimme
eine Art Traumreise, bei der es um innere Ruhe und innere Kraft geht. Die
Jugendlichen sollen ihre körpereigene Energie spüren und nachfühlen. Das
TCA-Konzept beschreibt Lebensenergie als „Chi". Hierbei handelt es sich um
eine innere Kraft, die als energetische Grundsubstanz allen Lebens zu verstehen
ist. In den ersten Settings ist es sehr schwer gewesen, bei den Jugendlichen eine
lange Phase der Konzentration herzustellen. Schnell merkten viele Jugendliche,
dass sie nicht nur in der Schule, sondern auch im Training Schwierigkeiten
hatten, sich zu konzentrieren. Es entstand der Tenor, dass zunächst nur eine
kurze Zeit Stille herrschen wird und die Zeit sich sukzessive verlängert.

Nach einigen Trainingseinheiten schaffen die Jugendlichen ca. zehn Minuten
konzentriert und ruhig zu sein. Im Anschluss werden kombinierte Dehn- und
Atemübungen trainiert. Nach dem TCA-Modell heißen diese Übungen K'ai
Men und können als taoistische Version des Yoga verstanden werden. Ziel ist
die Entwicklung, Stimulierung und Lenkung der Chi-Energie. Neben diesen
Eigenschaften dehnen die Übungen alle Teile des Körpers. Oft sind es die eher
schwächeren Jugendlichen, die hier besonders gute Erfolge erzielen. Die anderen
Jugendlichen zeigen sich oft beeindruckt und geben positive Feedbacks.

Der letzte Teil des Trainings besteht aus einer leichten Massage. Die Jugendlichen massieren sich dabei gegenseitig. Als der Massageteil eingeführt wurde, berührten sich die Jugendlichen lediglich an der Stirn. Der zu massierende Jugendliche lag mit geschlossenen Augen auf dem Rücken und der Masseur saß im Schneidersitz vor dem Kopf. Zunächst nur die Stirn zu massieren bietet sich aus mehreren Gründen an: Die Stirn ist ein stets sichtbarer Körperteil, es muss nichts präsentiert werden, was nicht sowieso schon jeder sieht. Die Berührungsängste sind relativ gering. Die Stirn bietet eine Vielzahl von Akupressurpunkten an, die besonders beruhigend wirken. Die Jugendlichen wechseln sich ab und können so positive Zuwendung geben und gleichzeitig bekommen. Nachdem dieses Training bereits einige Jahre angewendet wird, massieren die Jugendlichen nun auch Rücken und Nacken. Das TCA-Modell bedient sich dabei den Techniken des Tuina, welche auch in der Traditionellen Chinesischen Medizin (TCM) angewandt werden. Hierunter werden alle Massage- und Akupressurtechniken verstanden. Die Jugendlichen genießen diese Zeit und freuen sich besonders auf diese Trainingseinheiten. Selten kommt es vor, dass einzelne Jugendliche nicht massiert werden wollen oder nicht massieren möchten. Dieser Entschluss wird dann akzeptiert. Sie verhalten sich dann ruhig und ziehen sich ein wenig zurück.

Zum Abschluss wird die gleiche Atemübung wie beim Bewegungs- und Verteidigungstraining gemacht und sich verbeugt.

TCA im Einzelsetting

Prinzipiell wird jedem Jugendlichen ein Einzeltraining angeboten, er kann jederzeit einen in TCA ausgebildeten Pädagogen ansprechen und ein Training einfordern. Gar nicht selten wird dies von Jugendlichen getan, weil sie Spaß an dem Training haben. Gerne nutzen die Jugendlichen diese Zeit als ungeteilte Aufmerksamkeit für sich und suchen während des Trainings auch ein Gespräch über aktuelle Themen. Der Fall, der hier exemplarisch vorgestellt wird, entstand nach dem beschriebenen Muster. Der Jugendliche Klaus

(Name geändert) kam auf einen Pädagogen zu und gab an, dass er gerne im Einzelkontakt trainieren möchte, damit er in den Gruppensettings besser mitkommt. Bei Klaus handelte es sich um einen 12-jährigen Jungen. Vor der Aufnahme in die Wohngruppe verbrachte Klaus zwei Monate in der Kinder- und Jugendpsychiatrie, zuvor lebte er zu Hause bei seiner alleinerziehenden Mutter. Er wurde wegen seiner aggressiven Impulsdurchbrüche und seinem gestörten Sozialverhalten in die Wohngruppe „Leben lernen" aufgenommen. Klaus beschrieb sein Entwicklungsziel mit den Worten: „Ich möchte nicht mehr ausrasten". Zum Aufnahmezeitpunkt war Klaus der Jüngste in der Gruppe. Er versuchte sich zu integrieren, musste aber oft Zurückweisungen erleben. Klaus besuchte eine Förderschule mit dem Förderschwerpunkt der emotionalen und sozialen Entwicklung. Dort hatte er starke Probleme, die Autoritäten (Lehrer) anzuerkennen. Er hatte leichtes Übergewicht, war aber dennoch sehr bewegungsfreudig.

Während der Gruppensettings wirkte Klaus oft lustlos, unkonzentriert und schnell überfordert. Deshalb war es erstaunlich, dass er aus eigenem Antrieb ein Einzeltraining forderte. Es ist davon auszugehen, dass er neben dem Training auch gezielte Einzelaufmerksamkeit beanspruchen wollte. Vorab entwickelte der Pädagoge einen Trainingsplan, der es Klaus ermöglichte, seinen starken Bewegungsdrang auszuleben und seine Motivation für das Training weiter zu fördern. Klaus benötigte weiterhin ein Hilfsmittel, um sich in Anforderungssituationen besser kontrollieren zu können. Das Training wurde so konzipiert, dass Klaus die Mischung aus aktiven und ruhigen Elementen bewältigen konnte. Klaus trainierte mit dem Pädagogen einmal pro Woche über einen Zeitraum von vier Monate.

Als Grundlage wurden zunächst die Grundstellungen geübt. Jede Körperhaltung hat nach dem TCA-Modell einen Namen aus dem Tierreich. Klaus übte Figuren in unterschiedlichen Reihenfolgen und Geschwindigkeiten. Da er bereits am Gruppentraining teilgenommen hatte, waren ihm bereits einige Figuren bekannt. Er entwickelte dabei viel Spaß und Ehrgeiz, sich die Figuren zu merken. Bei den Tai Chi-Formen hatte Klaus besonders große Probleme, da seine Grob- und Feinmotorik nicht gut ausgeprägt war. Anfangs wurde immer nur eine Figur pro Training eingeübt, so dass ein fließender Bewegungsablauf erst nach dem vierten Training möglich war. Klaus brauchte in jedem Training eine starke Steuerung durch den Pädagogen, damit er auch bei schwierigen Anforderungen nicht aufgab. Durch die enge Begleitung gelang es ihm, kontinuierlich Fortschritte zu machen. Auch im Alltag konnte Klaus besser durch Anforderungssituationen gelenkt werden. Klaus konnte die Wirkung des Trainings gut reflektieren und brauchte immer weniger Lenkung von außen. Es gelang ihm, seine Fähigkeiten so auszubauen, dass er fortan im Gruppentraining wesentlich selbstbewusster mitmachte. Nach wie vor hatte er Schwierigkeiten, die Atem- und Konzentrationsübungen im Gruppensetting mitzumachen, weil er sich nach eigenen Angaben zu wenig auspowern konnte. Im Einzeltraining zeigte sich jedoch, dass er sehr gelenkig ist und er viele Übungen sehr gut beherrschte. Durch das Training erkannte Klaus, dass er sich durch eine entspannte Haltung länger konzentrieren kann und auch in der Lage ist, schwierige Aufgaben zu lösen. Klaus lebt nun seit knapp sechs Monaten in der Wohngruppe „Leben lernen" und seine aggressiven Impulsdurchbrüche sind signifikant weniger geworden, d. h. er bewältigt seine Schulwoche ohne starke Auffälligkeiten und ist in der Lage, dem Stoff adäquat zu folgen.

5. Fazit

Die anfänglichen Reaktionen der Kinder und Jugendlichen auf das Training reichen von einem skeptischen „Ich muss-Ja" inklusiver leichter tendenzieller Verweigerung bis hin zu wirklicher Freude. Es überrascht nicht, dass der Anteil koordinationsgestörter Kinder und Jugendlicher unter denjenigen mit ablehnender Haltung deutlich überwiegt. Da TCA in einer Atmosphäre des gegenseitigen Respekts und des würdevollen Umgangs miteinander stattfindet, trauen sich die Kinder und Jugendlichen mit der Zeit an Bewegungsabläufe, die sie früher abgelehnt hätten, und beginnen schrittweise, koordinative Kompetenzen aufzubauen.

In Verbindung mit den interaktiven Partnerübungen beginnen sich schon sehr bald nach dem Beginn des Trainings positive Veränderungen hinsichtlich der sozialen Kompetenz zu zeigen. Dies bestätigt auch die vierjährige Evaluation von Prof. Dr. Günder, der eine signifikante Verminderung aggressiver Verhaltensweisen feststellen konnte.

6. Literatur

bsj- Marburg (Hg.) (1996): Bambule – Dokumentation der Fachtagung Gewalt im Kontext von Jugendhilfe und Jugendpsychiatrie. Marburg: bsj- Eigenverlag.

Engel, U./Hurrelmann, K. (1994): Was Jugendliche wagen. Weinheim/München: Beltz.

Gall, R. (2001): Warum es gut sein kann, böse Menschen schlecht zu behandeln! Coolness39 Training® für gewaltbereite Kinder und Jugendliche – ein Konzept zur konfrontativen Pädagogik. In: Lernende Schule, Heft 13, 2001.

Hurrelmann, K. (2001): Schule und Gewalt – die gegenwärtige Diskussion. In Lernende Schule, Heft 13, 2001.

Müller, W. (200): Konzept für die Anti-Gewalt-Veranstaltungen der Berliner Polizei mit Schulklassen und Gruppen. In: Texte zur Inneren Sicherheit: Bestandsaufnahme, Präventionsstrategien und Modellprojekte gegen rechtsextremistische Jugendgewalt. Hrsg. vom Bundesministerium des Inneren (Band I/00).

Meller, N. (2003): Das Tao der Erkenntnis. Reflexionen und Einsichten eines Taoisten in der heutigen Zeit. Gronau: Taoist Selbstverlag.

Meller, N. (2004): Grundlagen taoistischer Psychologie. Einführung in die Grundlagen einer spirituellen Psychologie. Gronau: Taoist Selbstverlag.

Meller, N.(2005): Das H.E.A.R.T.© Konzept. Respekt und Würde im Angesicht von Wut und Gewalt – ein ganzheitlich-erzieherisches Interventionsprogramm basierend auf den Grundlagen taoistischer Philosophie. Gronau: Taoist Selbstverlag.

Meller, N. (2008): Das Tao der Erziehung – Grundlagen und Gefährdung spiritueller Erziehung. Gronau: Taoist Selbstverlag.

Nolting, H.-P. (2001): Lernfall Aggression. Hamburg: Rowohlt.

Schwabe, M. (2002): Eskalation und De-Eskalation in Einrichtungen der Jugendhilfe. Konstruktiver Umgang mit Aggression und Gewalt in Arbeitsfeldern der Jugendhilfe. Frankfurt a. M.: IGFH.

Bewegung = „bewegt sein"?!

Vorstellung einer erlebnispädagogischen, handlungsorientierten Trainingsmaßnahme mit Kindern/Jugendlichen im Rahmen der stationären Unterbringung

1. Einleitung

Im Kontext der Intensivwohngruppe „Deine Chance" gehören erlebnispädagogische, handlungsorientierte Trainingsmaßnahmen zum festen Bestandteil des pädagogischen Konzeptes. Der Beitrag beschreibt die Ausgangssituation der drei Teilnehmerinnen sowie die Intention und den Verlauf einer solchen Trainingsmaßnahme, die in Form einer dreitägigen Radtour stattfand. In der anschließenden Einordnung werden die Entwicklungschancen und Lernmöglichkeiten der Trainingsmaßnahme diskutiert, wobei besonderer Wert auf die Potentiale einer handlungsorientierten Vorgehensweise gelegt wird

2. Die Intensivwohngruppe „Deine Chance" des Ev. Kinderheimes Herne

Die Wohngruppe mit drei Mädchen und drei Jungen im Alter von 11 bis 15 Jahren besteht seit Oktober 2006. Die Entwicklung der Jugendlichen ist nachhaltig beeinträchtigt. Bei ihnen liegen schwere Störungen im Bereich des Sozialverhaltens und der Emotionen sowie Defizite bei der Anerkennung von Werten und Normen vor. Der inhaltliche Schwerpunkt der pädagogischen Arbeit liegt in dem Lernen durch Erfahrung und Emotion. Ein grundlegender methodischer Bestandteil der Wohngruppenarbeit ist die Motopädagogik. Für das spezielle Hilfsangebot bewohnen wir ein großes Bauernhaus mit 280 qm Wohnfläche in einer ländlichen und stark agrarwirtschaftlich geprägten Ortschaft mit ca. 400 Einwohnern. Felder und Wiesen bestimmen das landschaftliche Bild. Das Haus ist umgeben von einem großen Garten und einer anliegenden Scheune, welche vielfältige Entfaltungsmöglichkeiten und Nutzungsvarianten bietet.

3. Darstellung der entwicklungsbezogenen Ausgangssituation der drei teilnehmenden Mädchen.

Die drei Mädchen leben seit Ende 2006 in der Wohngruppe. Sie waren zuvor in anderen Wohngruppen, die aber aufgrund der massiven Verhaltensproblematik eine weitere Zusammenarbeit aus pädagogischen Gesichtspunkten für nicht sinnvoll erachteten. Die Jugendlichen verfügen über ein negatives Selbstbild verbunden mit einem geringen Selbstwertgefühl und einer niedrigen Frustrationstoleranz. In für sie belastenden Lebenssituationen neigen sie zu impulsiven fremd- als auch autoaggressiven Kontrollverlusten. Anforderungen jeglicher Art werden vermieden und von ihnen vielfach mit aggressiv destruktiven oder retardiert kindlichen Verhaltensmustern beantwortet. Sie besitzen nur wenige Verhaltensweisen zur adäquaten Beziehungsgestaltung, was zu erheblichen Einschränkungen in allen Lebensbereichen führt.

4. Intention der Trainingsmaßnahme.

Neben einem einwöchigen Gruppenurlaub in den Sommerferien gab es eine geschlechtsspezifische Trainingsmaßnahme, die als dreitägige Radtour geplant und durchgeführt wurde. Die Maßnahme für die Mädchen sollte die Möglichkeit schaffen, eigene Körper- und Lernerfahrungen zu sammeln, die Natur zu erleben und das Zusammenspiel der Jugendlichen notwendig zu machen, damit sie die oftmals schwierigen Beziehungen untereinander klären können. Einerseits wird die Gruppe somit als soziales Lernfeld erlebt, wodurch soziale Kompetenzen erworben werden können, andererseits beinhaltet eine solche Trainingsmaßnahme die Möglichkeit, die Persönlichkeitsentwicklung und Identitätsbildung der Jugendlichen zu fördern. Ausgehend von der Wohngruppe sollte es zu einer Jugendherberge[1] am Möhnesee gehen (ca. 35 km). Von dort aus war am zweiten Tag eine Tagestour zur Bilstein-Höhle in Warstein (ca. 20 km) geplant, um am dritten Tag den Heimweg anzutreten. Bereits im Vorfeld verdeutlichten sich die Pädagogen, dass mit erheblichen Widerständen von den Mädchen zu rechnen sein würde. Sie waren eine derartige Grenzerfahrung, das meint in diesem Zusammenhang die direkte Auseinandersetzung mit der Natur, die intensive physische Beanspruchung und das lange Beisammensein ohne Rückzugsmöglichkeiten (die drei teilten sich ein Herbergszimmer), nicht gewohnt.

5. Verlaufsprotokoll der Fahrradtour

Teilnehmer: Frau Tübing (päd. Mitarbeiterin), Herr Gappa (päd. Mitarbeiter), Marie (11 Jahre), Jennifer (12 Jahre), Nicole (15 Jahre)[2]

· Tag 1

Frühmorgens „sattelten" wir die Fahrräder. Gemeinsam überprüften wir die Beschaffenheit der Räder und die drei Mädchen halfen sich untereinander beim Anbringen der Satteltaschen. Die Sonne schien und alle waren in bester Stimmung. Damit die Mädchen ihr eigenes Tempo finden und die Natur erleben konnten und nicht durch ein zu starkes Verkehrsaufkommen beeinflusst würden, wählten wir eine Strecke abseits der Hauptstraßen. Dies führte dazu, dass bereits nach wenigen Kilometern die Orientierung verloren wurde und man sozusagen „den Urlaub mit der Reise" beginnen konnte. Genau dieser Optimismus war es, der die Mädchen über die ersten Kilometer trug. Sie fühlten sich wie „kleine Abenteurer" und bei der ersten Rast cremten sie sich mit Sonnenmilch und Mückenspray ein. Dieses Urlaubsgefühl hielt jedoch nicht lange an: Kurze Zeit später nörgelte Nicole massiv, sie legte den Weg im „Schneckentempo" zurück, stieg bei jeder noch so kleinen Steigung vom Rad und zwang somit die

Gruppe zum ständigen Anhalten. Dessen ungeachtet fuhren (beziehungs-
weise warteten) wir gemeinsam weiter. Marie und Jennifer „ertrugen"
die folgenden 17 Kilometer solidarisch mit Nicole, jedoch wurden beide
zunehmend ungeduldiger.

Für uns war erkennbar, dass es sich bei Nicoles Verhalten um eine Insze-
nierung handelte. Sie bestimmte durch ihre Verweigerungshaltung maßgeblich das Tempo der Gruppe und versuchte durch die aggressiv getönten
Unmutsäußerungen die anderen in eine ebenso ablehnende Haltung zu
bringen. Sie beschimpfte die pädagogischen Mitarbeiter, beschwerte sich
über die ausgewählte Strecke und bekundete immer wieder, wie blöd sie
die Aussicht auf die drei gemeinsamen Tage und das Fahrradfahren im
Besonderen empfindet. Dessen ungeachtet kam eine Trennung für uns aus
gruppendynamischen Gesichtspunkten nicht in Frage, die Gruppe sollte
sich als Gesamtheit erfahren. Von daher fuhren wir zusammen weiter,
damit alle die Herberge gemeinsam erreichen konnten.

Um Maries und Jennifers positives Verhalten zu stabilisieren, fuhren
mein Kollege und ich abwechselnd neben ihnen. Nicole wurde im Face-
to-face-Kontakt begleitet. Dabei wurde ihr redundant das eigene Verhalten
gespiegelt. Wir verdeutlichten ihr, dass der Weg zur Herberge zurückgelegt
werden müsse, unabhängig davon, ob die Fahrtzeit nun vier Stunden oder
acht Stunden dauern würde. Nach einer späten Mittagspause in Verbindung
mit einem Gruppenmeeting bekam Nicole von allen eine Rückmeldung
bezüglich ihres destruktiven Verhaltens. Marie und Jennifer sagten ihr,
dass sie sich unkollegial und kindisch verhalte.

Im Anschluss verlief der letzte Teil der Strecke deutlich besser. Die drei
fuhren gemeinsam weiter. Nicole stieg nicht mehr vom Fahrrad und war
um eine zügige Weiterfahrt bemüht. Die Ankunft in der Herberge war
dann sehr schön. Marie, Jennifer und Nicole waren froh, das „Etappen-
ziel" erreicht zu haben. Die Anspannung des Tages war vergessen und so
alberten sie herum. Die Mädchen bezogen ihr Zimmer, richteten sich ein
und genossen die Aussicht auf den Möhnesee.

Nach dem Abendbrot und dem abendlichen „Blitzlicht"[3] hatten sie Zeit, das Gelände zu erkunden. Jedoch traute sich keine, Kontakt zu den gleichaltrigen Jungen und/oder Mädchen aufzunehmen. Immer wieder suchten sie uns auf, um in der ungewohnten Umgebung ein Mindestmaß an äußerer Sicherheit und damit für sie einhergehend innere Sicherheit zu finden.

· Tag 2

In der morgendlichen Runde thematisierten wir, dass wir mit dem gestrigen Tempo das angestrebte Ziel, die Bilstein-Höhle, nicht erreichen würden. Dennoch hielten wir an dem Prinzip des „gemeinsamen Fahrens" fest. Die Verhaltensweisen der jeweiligen Jugendlichen sollten die Gesamtheit der Gruppe tangieren (Beziehungsklärung), damit die daraus resultierenden Konsequenzen für die Gruppe erlebbar wurden. Alle, einschließlich Nicole, die sich für ihr gestriges Verhalten entschuldigte, bekundeten ihren Willen, die Wegstrecke fahren zu wollen. Bereits nach gefahrenen fünf Minuten täuschte jedoch Nicole Schwächeanfälle vor, zitterte auf dem Fahrrad, beschimpfte die anderen Gruppenmitglieder wie auch die pädagogischen Mitarbeiter. Sie stieg vom Rad und boykottierte die Weiterfahrt. Das Antizipieren des möglichen Scheiterns hatte zur Konsequenz, dass sie sich der Herausforderung entziehen wollte. Wir konnten sie durch ein permanentes Einzelcoaching zur Weiterfahrt motivieren. Während der Fahrt verdeutlichten wir ihr, dass die Strecke trotz anhaltender leichter Steigung fortgesetzt wird. Im Leben warten noch viele „Berge", welche sie zu bewältigen habe und bewältigen werde.

Die einzige Möglichkeit des Vorankommens war gegenwärtig, „in die Pedale zu treten". Anhaltend wurde ihr vermittelt, dass das gezeigte Vermeidungsverhalten nicht zum Abbruch der Maßnahme führen würde.

Marie und Jennifer entdeckten währenddessen die wunderschöne Landschaft. Mit viel Elan und Freude fuhren sie die Strecke. Nach jeder bewältigten Anhöhe blickten wir zurück, um ihnen die zurückliegende Steigung zu verdeutlichen.

Die beiden waren enorm stolz auf ihre Leistung und zogen hieraus Selbstvertrauen für die weitere Fahrt. Wir entwarfen die symbolischen Sätze „Wir schaffen jeden Berg" und „Wo es schwer rauf geht, geht es dann leicht runter". Aufgrund der Schwierigkeit der kommenden Wegstrecke (Steigung über eine Länge von vier Kilometern) und der zuvor erhöhten Aufmerksamkeit für Nicole entschieden wir uns, bei dieser Steigung den beiden Jüngeren unsere ungeteilte Aufmerksamkeit zu geben, damit sie den Berg ohne Absteigen bewältigten. Trotz starker Anstrengung sprachen wir ihnen Mut zu und konnten sie so zum „Durchhalten" bewegen. Beide quiekten und jubelten, als sie erlebten, wie viel Kraft in ihnen steckt.

Diesen kurzen Zeitraum nutzte Nicole, um sich unerlaubt von der Gruppe zu entfernen. Sie „haute ab" und schmiss ihr Fahrrad demonstrativ auf die befahrene Straße, damit dies unverzüglich von den vorbeifahrenden Personen und uns gesehen würde. Nachdem wir den Weg abgesucht hatten, sahen wir ein, dass aufgrund der vielen Möglichkeiten sich im Wald zu verstecken, eine weitere Suche sinnlos war. Das Rad von Nicole ließen wir abgeschlossen am Wegesrand stehen. Wir kehrten dann zur Jugendherberge zurück, um die zuständigen Stellen, insbesondere Nicoles Eltern, zu verständigen (leider hatten wir in den Wäldern keinen Handyempfang). Kurze Zeit später erhielten wir einen Rückruf von ihrem Vater. Nicole befand sich in einer nahegelegenen Gaststätte. Sie wollte von ihrem Vater abgeholt werden. Dieser wusste aber bereits im Vorfeld von der Maßnahme und verwies seine Tochter an uns. Schließlich holten wir Nicole dort ab. Im anschließenden Gruppenmeeting erörterten wir den Tag und konfrontierten Nicole mit ihrem Verhalten. Sie erlebte, dass ihr Verhalten immer Auswirkungen auf ihre direkte Umwelt hat und somit maßgeblich die Reaktionen der Mitmenschen beeinflusst. Daneben wollten wir sie in die Lage versetzen, die Anforderung zu bewältigen, damit sie ihre inneren Blockaden/Ängste überwinden kann. Das von ihr gezeigte Vermeidungsverhalten sollte nicht (mehr) zum Erfolg führen. Nun musste noch Nicoles Fahrrad wieder geholt werden. Die gesamte Gruppe legte den Weg dorthin bei abschwächendem Regen zu Fuß zurück. Die Mädchen erlebten sich so als Gruppe und der Zusammenhang zwischen dem eigenen dysfunktionalen Verhalten und den daraus resultierenden Auswirkungen auf die Gruppe wurde deutlich. Darüber hinaus richteten die anderen ihre Beschwerden über die Wanderung nicht an uns, sondern direkt an Nicole, da sie für eben jenen Fußmarsch verantwortlich war. Dadurch wurde die Korrelation zwischen Handlung und Reaktion ihres sozialen Umfeldes für sie transparent. Sie spürte die Folgen ihres Handelns nicht nur auf der verbal-kognitiven Ebene (Gruppenmeeting), sondern ebenso ganzheitlich im Sinne der eigenen körperlichen Erfahrungen. Nach einer ca. zweistündigen Wanderung, die durch gemeinsames Singen mit Marie und Jennifer aufgelockert wurde, kehrten wir in ein abgelegenes Wirtshaus ein. Die Jugendlichen waren am Ende ihrer physischen und psychischen Kräfte, aber ebenso stolz auf die erbrachte Leistung. Nach dem Abendessen und der Tagesreflexion[4] brachte uns die Gastwirtin zur Herberge (wir bekamen zeitnah kein Taxi und hätten sonst den Weg zu Fuß zurücklegen müssen). Diese Hilfsbereitschaft beeindruckte alle drei Mädchen gleichermaßen. Gleichzeitig durfte die ganze Gruppe den ereignisreichen Hügel, den wir schon mit dem Rad und zu Fuß erfahren hatten, nun noch vom Auto aus erleben. Während Marie und Jennifer ihren Unmut über Nicole tagsüber im Beisein der Betreuer ausdrücken konnten, stand am Abend das Bedürfnis nach Harmonie untereinander im Vordergrund.

Sie versuchten, diese über eine Koalition gegen die Betreuer wiederherzustellen. Nach dem Inaussichtstellen einer sofortigen weiteren Wanderung zum Zwecke der Beziehungsklärung und dem Abbau von inneren Spannungen konnten die Mädchen zur Ruhe finden. Es fand dann um 23.00 Uhr die verspätete Nachtruhe statt.

· Tag 3

Nachdem uns ein wolkiges bis sonniges Wetter begrüßte, kamen wir auf dem Rückweg zur Wohngruppe zügig voran. Dies war sicherlich auf die Ereignisse der letzten Tage und auf die Vorfreude, bald wieder in der gewohnten Umgebung zu sein, zurückzuführen. Die Mädchen fuhren als Gruppe, achteten aufeinander und fanden am letzten Tag ein gemeinsames Tempo. Für die Mädchen unerwartet lenkten Hr. Gappa und ich kurz vor dem Ortsschild (Ziel) in eine andere Richtung. Damit wollten wir verdeutlichen, dass das gezeigte Verhalten des gestrigen Abends in keinster Weise von uns befürwortet wurde. Nach gefahrenen ca. 30 Kilometern fuhren wir noch eine Schleife von ca. 20 Kilometern. Dies führte dazu, dass wir kurz davor waren, die 100-Kilometer-Marke zu schaffen. Die Aussicht auf das Erreichen von 100 gefahrenen Kilometern wurde für die Mädchen ein gemeinsam entworfenes Gruppenziel und war damit das vorherrschende Thema auf den letzten 12 Kilometern. Besonders die beiden Jüngeren zogen Energie und Selbstvertrauen aus den nun fast geschafften 50 Kilometern des Tages und so ließ sich Marie bei der 100-Kilometer-Marke zu dem Ausschrei hinreißen: „Man, ich bin soooo spitze!". Erneuter Jubel der gesamten Gruppe brach aus, als wir unseren Ausgangsort erreichten. Alle drei begaben sich in eine „Siegerpose", rissen die Arme hoch und schrien lauthals, dass sie es geschafft hätten!

6. Einordnung der Maßnahme

Der oben beschriebene Verlauf zeigt deutlich, welche Entwicklungschancen und Lernmöglichkeiten in einer solchen handlungsorientierten Maßnahme liegen. Der Schwerpunkt lag auf der Bewegung/dem „Bewegtsein" und dem erfahrungsorientierten Lernen. Die Folgen des eigenen Verhaltens, seien sie positiver oder negativer Art, waren permanent erkennbar. Die Selbstwirksamkeit war durch das Zurücklegen der weiten Strecke jederzeit spürbar. Die Mädchen erhielten einen Zugang zu ihrer Körperlichkeit und spürten sich auf eine ihnen bisher eher fremde Art und Weise. Der gesamte Tagesablauf war von dem direkten Zusammenspiel der Mädchen geprägt. Sie mussten in anstrengenden, bewegenden Momenten adäquat miteinander kommunizieren. Dies hatte zur Folge, dass das Gelingen des Tages maßgeblich davon abhängig war, inwieweit Rücksicht auf die Bedürfnisse des jeweils Anderen genommen wurde. Insbesondere die beiden jüngeren Jugendlichen können bis heute aus der Radtour Selbstwert und Selbstbewusstsein ziehen. Sie konnten durch und über die Bewegung ihren Körper fühlen, innere Spannungszustände kanalisieren und abbauen. Daneben befanden sich die Mädchen den gesamten Tag in der Natur, erspürten die Beschaffenheit von verschiedenen Untergründen und verließen sich völlig auf die pädagogischen Mitarbeiter. Sie vertrauten diesen und fühlten sich in ihrer Gegenwart geborgen, eine Komponente, die mitunter in ihrer frühkindlichen Entwicklung vernachlässigt worden ist. Für Nicoles Entwicklung war es elementar, dass die jahrelang verwendeten destruktiven, aggressiven Verhaltensmuster beim Gegenüber keine Erfolge erzielten und sie stattdessen in immer größere Schwierigkeiten brachten.

Noch bedeutsamer erscheint es aber, dass sie aus eigener Kraft die Anforderungen bewältigt hat. Sie spürte, dass sie einen Berg bewältigen kann, wobei dies zunächst auf der körperlich-sinnlichen Ebene stattfand. In vielen alltäglichen schwierigen Situationen ist der „Berg" seither zu einem geflügelten Ausdruck geworden, an den sich die Erfahrung knüpft, dass auch schwierige Schritte und Wege zu schaffen sind. Das Rad wegzuwerfen führt nicht zum Ziel, sondern nur „das stetige Weiterstrampeln" im übertragenen Sinne.

7. Fußnoten

[1] *Die Herberge war für beide Nächte gebucht, damit die Mädchen abseits von ihrer gewohnten Umgebung die Sicherheit hatten, dass, gleich welche Unwägbarkeiten der Tag bringen würde, es immer das gleiche Haus ist, in dem wir abendlich einkehrten.*

[2] *Die Namen der Mädchen wurden aus datenschutzrechtlichen Gründen von der Autorin geändert!*

[3] *Bezeichnung für ein Gruppenmeeting, in dem der Tagesablauf ausgewertet wird. Hierbei handelt es sich um ein bestehendes Ritual in der Wohngruppe. Der Jugendliche reflektiert zunächst am Tagesende sein Verhalten und bekommt im Anschluss von der Gruppe und den Betreuern eine Gesamteinschätzung des Tages, mit dem Ziel, die Selbst- und Fremdwahrnehmung zu fördern.*

[4] *In diesem „Blitzlicht" wurde das Verhalten von Marie und Jennifer positiv bestärkt. Es wurde herausgearbeitet, dass sie ihr positives Verhalten trotz erhöhter Anforderung und gruppendynamischer Schwierigkeiten aufrechterhalten hatten. Nicole wurde anerkennend zurückgemeldet, dass sie die Strecke und die damit verbundenen Schwierigkeiten bewältigt hat. Nach den Geschehnissen des Tages galt es ferner auszudrücken, wie angenehm das gemeinsame Abendbrot mit der gesamten Gruppe ist.*

Sara Anna Wirbals – Die Systemische InteraktionsTherapie

- Staatlich geprüfte Kinderpflegerin
- Studium an der EFH Bochum, Studiengang Soziale Arbeit, Abschluss: Diplom-Sozialarbeiterin/Diplom-Sozialpädagogin (FH)
- Beschäftigt als Sozialpädagogin im Evangelischen Kinderheim – Jugendhilfe Herne & Wanne Eickel gGmbH – in der „Triangel Wohngruppe"

K. Tübing – Motopädagogisches Arbeiten | Bewegung = „bewegt sein"

Dipl.-Sozialarbeiterin/Sozialpädagogin Zweijährige Weiterbildung zur Psycho-traumatologischen Fachberaterin; in Ausbildung zur Motopädagogin (ak' M) im Arbeitsfeld Kinder- und Jugendhilfe; Seit 2002 Mitarbeiterin des Ev. Kinderheims Herne. Mehrjährige Tätigkeit im Wohnprojekt „Leben lernen"; Erstellung eines handlungs-und bewegungsorientierten Intensivwohngruppenkonzeptes für Kinder ab 10 Jahren; seit 2006 Umsetzung des Konzeptes als Projektleiterin in der Intensivwohngruppe „Deine Chance"

Alexandra Leu – Via Annie

Dipl. Pädagogin; Mitarbeiterin im Hilfesystem „Via Annie" für junge Frauen mit Essstörungen; zertifizierte Fachkraft für Psychomotorik im Arbeitsfeld der Kinder- und Jugendhilfe; Studium der Rehabilitationswissenschaft an der Uni Dortmund; Veröffentlichung: Erzieherische Ausgestaltung des Jugendarrestes – Entwurf einer Rahmenkonzeption (2007 VDM-Verlag)

Norbert Meller – Das H.E.A.R.T.©-Konzept

Dipl.-Heilpädagoge Psychotraumatischer Fachberater; TCA Master; langjährige Leitung des intensivpädagogischen Modells „Leben lernen" im Ev. Kinderheim Herne; Lehrbeauftragter der FH Dortmund; Dozent bei FachpoolFortbildungsgesellschaft; seit 1977 persönlicher und höchstgraduiertester Schüler außerhalb Englands von Prof. Chee Soo (1994 gest.), dem letzten Großmeister des legendären Lee-Stils; Gründer und Senior Instructer der Taoist Movement (Tamo e. V.); für den Kösel Verlag Übersetzungen einige Bücher seines Lehrers ins Deutsche; Publikationen eigener Schriften unter taoist.de

Martin Klafke – Das H.E.A.R.T.©-Konzept

Dipl.-Sozialpädagoge / Sozialarbeiter; H.E.A.R.T.-lnstructor; zertifizierte Kinderschutzfachkraft (nach §8a SGB VIII); Mitarbeiter im intensivpädagogischen Modell „Leben lernen" im Ev. Kinderheim Herne

Bisher im FRISCH-TEXTE-Verlag erschienen

weitere Titel in Vorbereitung